Heilsames Basenfasten
für Berufstätige

Bildnachweis:

Ulrike Köb (www.koeb.at): Coverbild, Rezeptbilder ab Seite 31 und auf der Umschlagrückseite
Monika Klinger (www.monikaklinger.at): Umschlagrückseite (Autorenporträt)
fotolia.de: Seite 9, 12, 19, 26, 40, 62, 84, 110

Impressum

ISBN: 978-3-7088-0575-7

Copyright: Kneipp-Verlag GmbH und Co KG
Lobkowitzplatz 1, A-1010 Wien
www.kneippverlag.com
www.facebook.com/KneippVerlagWien
Autorin: Elisabeth Fischer
Lektorat: Mag. Eva Manhardt
Korrektorat: Mag. Franz Ebner
Cover und Art Direction/DTP: Werner Weißhappl, plan_w
Druck: Theiss GmbH, A-9431 St. Stefan
1. Auflage, Januar 2013

Elisabeth Fischer

Heilsames Basenfasten
für Berufstätige

120 Genussrezepte
Mit Wochenplänen und Einkaufslisten

Mit Rezeptfotos von Ulrike Köb

kneipp verlag
WIEN

Inhalt

Suppen

Gemüse

Fruchtig-Süßes

Abnehmen und neue Energie tanken

Die Kilos verschwinden, der Körper wird entlastet und das Wohlbefinden steigt – beim heilsamen Basenfasten können Sie köstlich speisen, Sie werden satt – und das Beste daran: Es funktioniert auch im Berufsalltag!

„Ich bin total glücklich, ich hatte solche Lust auf diese Gerichte!", schrieb mir Frau Katharina H., nachdem sie 3 kg abgenommen hatte. „Ich bin voll berufstätig und oft 10 Stunden am Tag unterwegs. Ich koche abends für den nächsten Tag und esse mittags in der Arbeit: Salate, Gemüsegerichte oder wärmende Suppen. Danach dieses tolle Gefühl – jetzt bin ich wirklich satt!"* Sie hat die Rezepte aus meinem Buch „Heilsames Basenfasten. Genießen, entschlacken und schlank werden" gekocht.

Dieses Feedback, aber auch die häufig gestellte Frage in E-Mails oder bei meinen Vorträgen und Kochkursen, wie man denn das Basenfasten in den Berufsalltag integrieren könne, haben mich zu diesem Buch inspiriert. Viele neue Gerichte habe ich dafür entwickelt und erprobt. Ich würde mich sehr freuen, wenn auch Sie mit diesen Rezepten und Tipps abnehmen, sich beim Basenfasten fit fühlen – und auch Anregungen für neue gesunde Essgewohnheiten gewinnen.

Einseitige Diäten machen schlapp, krank und dick

Im Berufsalltag das Wunschgewicht erreichen und dabei Leistung bringen: Mit einseitigen Crash-Diäten funktioniert das nicht! Die Konzentration schwindet, wenn der Magen knurrt und alle Gedanken um das Essen kreisen. Gibt es in der Mittagspause nur Magerquark und Knäckebrot, fehlt die Energie für die Zeit bis zum Feierabend – und nach der Diät, mit der Rückkehr zur „ganz normalen" Ernährung, sitzen die Kilos bald wieder gut sichtbar auf den Hüften.

Der Jo-Jo-Effekt ist aber nicht die einzige Folge strenger Diäten und des Rückfalls in die alten Essgewohnheiten. Beide bedeuten einen enormen Stress für den gesamten Körper. Auf die Dauer kann diese Belastung zu schwerwiegenden gesundheitlichen Schäden führen, denn einseitige Diäten und unsere „ganz normale" Ernährung mit zu viel Fleisch, Wurst, fetten Milchprodukten, Fastfood, Fertigprodukten, Süßigkeiten und Limogetränken bewirken einen Säureüberschuss im Organismus.

Spürbare Anzeichen dafür können Kopfschmerzen, Konzentrationsschwäche oder Anfälligkeit für Infektionskrankheiten sein. Langfristig kann diese latente Übersäuerung jedoch auch die Abwehrkräfte schwächen und Osteoporose, chronische Schmerzen in Gelenken oder Bandscheiben hervorrufen. Sogar die Attraktivität leidet, wenn die säurelastige Ernährung der Normalzustand ist: Die Haut wird dünn und faltig, das Bindegewebe geschwächt und es bildet sich Cellulite, die gefürchtete Orangenhaut.

Basenfasten – Kilos verlieren, Lebenskraft gewinnen

Basenfasten ist die Alternative für alle, die mit den Fettpölsterchen nicht auch ihre Leistungsfähigkeit loswerden wollen. Wobei der Begriff Fasten eigentlich

irreführend ist, da er den Verzicht auf jegliche feste Nahrung suggeriert. Basenfasten bedeutet jedoch eine ganz bewusste Auswahl der Lebensmittel. Säurebildende Produkte sind weitestgehend vom Speiseplan gestrichen.

Richtig geschlemmt werden darf hingegen mit Gemüse, Kräutern, Obst, und Kartoffeln. Wenn diese Naturprodukte durch den Stoffwechsel zu körpergerechten Bausteinen und Energielieferanten zerlegt werden, entsteht ein gewaltiger Überschuss an Basen. Diese können die latente Übersäuerung neutralisieren und der Säure-Basen-Haushalt kommt ins Gleichgewicht. Eine enorme Entlastung für den Organismus, der befreit vom Säurestress auf Hochtouren laufen kann – und das ist deutlich spürbar.

Teilnehmer von Basenfastenwochen berichten immer wieder von einem Gefühl der Leichtigkeit, sowohl körperlich als auch seelisch, in Verbindung mit einem deutlichen Energieschub, wobei der neue Schwung auch erst einige Tage nach dem Basenfasten spürbar werden kann. Die körperliche Erleichterung lässt sich gleich messen. 2 bis 4 kg weniger zeigt die Waage nach einer Woche Basenfasten.

Essgewohnheiten umstellen, Gewicht halten

Nach dem Basenfasten sichert die dauerhafte Änderung der Essgewohnheiten das Wunschgewicht. Es stehen auch wieder Milchprodukte, Fisch, Fleisch, Geflügel, Hülsenfrüchte und Getreideprodukte auf dem Speiseplan, denn auch diese Lebensmittel gehören zu einer gesunden, ausgewogenen Ernährung –

und viele haben erfahrungsgemäß jetzt Appetit darauf. Allerdings müssen die Mengenverhältnisse von säure- und basenbildenden Lebensmitteln stimmen, dann bleibt jede Portion groß, der Kaloriengehalt niedrig und der Säure-Basen-Haushalt im Gleichgewicht. Weitere Kilos verschwinden langsam, aber dauerhaft. Viele Rezepte für die Zeit danach, finden sich in meinem Buch „Die schlanke Küche. So gut schmeckt das Wunschgewicht" (Kneipp-Verlag Wien).

Zuerst Basenfasten, dann die Essgewohnheiten umstellen. Frau Sabine S. hatte mit dieser Methode Erfolg: „Ich bin in 10 Wochen 8 Kilos losgeworden. Endlich habe ich einen Weg gefunden, wie ich lecker essen kann und trotzdem abnehme!"

Säure-Basen-Haushalt – um jeden Preis im Gleichgewicht

Harmonie als Lebensprinzip

Damit alle Stoffwechselvorgänge reibungslos ablaufen können, muss im Blut ein konstantes Verhältnis von Säuren und Basen herrschen. Gemessen wird dies mit dem pH-Wert. Der Blut-pH-Wert liegt im basischen Bereich und schwankt nur minimal zwischen pH 7,36 und pH 7,44. Normalerweise können die Regulationssysteme von Leber, Niere und Lunge den pH-Wert in diesen engen Grenzen halten. Unterstützung bekommen sie von den Puffermechanismen von Blut und Bindegewebe. Azidosen oder Alkalosen, gefährliche Entgleisungen des pH-Werts in den sauren oder basischen Bereich, treten darum nur bei sehr schweren Erkrankungen auf.

Was die Balance gefährdet

Einseitige, eiweißreiche Ernährung, Diäten und Bewegungsmangel: Unser moderner Lebensstil verursacht im Organismus einen immensen Säureüberschuss. Diesen können die Regulationssysteme und Puffermechanismen nicht mehr ausgleichen, sie sind damit schlichtweg überfordert – ein Zustand, der von der Medizin als latente Übersäuerung bezeichnet wird.

Das hört sich bedrohlich an, darf doch der pH-Wert des Blutes nicht in den sauren Bereich abrutschen, denn das würde unser Leben gefährden. Deshalb muss der Körper die Notbremse ziehen! Da die Natur das schlau eingerichtet hat, gelingt das auch immer.

Latente Übersäuerung schwächt Bindegewebe und Knochen

Aber diese ständigen Rettungsaktionen haben einen sehr hohen Preis. Um die überschüssigen Säuren zu neutralisieren, werden Mineralstoffe aus den Knochen gelöst, vor allem Kalzium, Kalium und Magnesium. Stellen Sie sich Hausmauern vor, aus denen ständig Ziegelsteine herausgehämmert werden. Auf die Dauer kann das nicht gut gehen, das Haus bricht zusammen. Genau das geschieht auch mit den Knochen, mit der Zeit werden sie ausgelaugt und brüchig, es kommt zu Osteoporose. Weltweit leidet bereits jede dritte Frau und jeder fünfte Mann über 50 an dem gefürchteten Knochenschwund, der die Lebensqualität deutlich einschränkt.

Aber nicht nur die Knochen sind durch unseren modernen Lebensstil gefährdet. Wird die latente Übersäuerung zum Dauerzustand, belastet das auch die Nieren, verursacht Knorpelabnutzungen und damit Schmerzen in den Gelenken. Auch die Funktionsfähigkeit des Bindegewebes wird beeinträchtigt. Oberflächlich macht sich dies als Cellulite bemerkbar. Viel folgenschwerer und möglicherweise Auslöser chronischer Krankheiten ist jedoch, dass das Bindegewebe weniger durchlässig für den Transport von Bau- und Nährstoffen vom Blut zu den Zellen wird, aber auch neu gebildete Hormone und Abfallprodukte nicht mehr zügig aus den Zellen ins Blut gelangen können.

Schluss mit der Übersäuerung und weg mit dem Fett!

Einfaches Rezept für großen Erfolg

Es versetzt mich immer wieder in Erstaunen, wie einfach das Rezept gegen die latente Übersäuerung lautet. Keine teuren Wundermittel sind erforderlich, nur Gemüse, Früchte, Kräuter und Kartoffeln. Es gibt sie preisgünstig in Hülle und Fülle. Auch ihre Wirkung auf das Säure-Basen-Gleichgewicht hat so gar nichts Geheimnisvolles an sich, sondern lässt sich leicht erklären: Gemüse, Früchte, Kräuter und Kartoffeln enthalten sehr viel Kalzium, Magnesium, Kalium, Kupfer, Eisen und Natrium. Der Organismus kann diese organisch gebundenen Mineralstoffe gut aufnehmen und sie bewirken, dass überschüssige Säuren abgebaut und entsorgt werden.

Gemüse, Früchte, Kräuter und Kartoffeln sind dazu Toplieferanten für Vitamine, die auch gegen die latente Übersäuerung zum Einsatz kommen. Vitamine sind am Aufbau von Enzymen beteiligt, welche verbrauchte Basen wieder funktionsfähig machen, sodass diese überschüssige Säuren neutralisieren können.

Mehr Gesundheit und Vitalität

Viele Mineralstoffe, reichlich Vitamine und üppig bioaktive Pflanzenstoffe – Gemüse, Früchte, Kräuter und Kartoffeln verwöhnen uns auch mit einem einzigartigen Power-Cocktail. Er wirkt wie ein Zündfunken für das Lebensfeuer, bringt nicht nur den Säure-Basen-Haushalt ins Gleichgewicht, sondern lässt den Stoffwechsel auf Hochtouren laufen, stärkt die Abwehrkräfte und schützt vor gefährlichen freien Radikalen, lässt Cholesterinspiegel und Blutdruck sinken, fördert sanft die Verdauung und beruhigt die Nerven.

Schönheitspflege von innen

Basenfasten belebt auch die Haut. Sie wird besser mit Nährstoffen versorgt, kann mehr Flüssigkeit einlagern und neue Zellen bilden. Das macht sie widerstandsfähiger gegen schädigende Umwelteinflüsse. Sichtbare Folge: ein erfrischter und gestraffter Teint.

In einer Woche 2 bis 4 kg abnehmen

Die Zutaten für das Basenfasten haben einen weiteren Vorteil: die hohe Nährstoffdichte. Das bedeutet: Die basenbildenden Mineralstoffe, Vitamine und sekundären Pflanzenstoffe sind für sehr wenig Kalorien zu haben. Diesem geringen Kaloriengehalt ist es zu verdanken, dass beim Basenfasten richtig viel gegessen werden kann. Eine Portion Suppe hat ca. 110 kcal, ein Hauptgericht bestehend aus Gemüse, Salat und Kartoffeln ca. 320 kcal. Viel Fruchtig-Süßes können Sie schon für 90 kcal genießen. Insgesamt nehmen Sie an einem Basenfastentag mit großem Frühstück, reichlich Mittag- und Abendessen nur 800 bis 900 kcal zu sich. Trotzdem fühlen sich die Teilnehmer gut versorgt: „In einer Woche habe ich 2 kg abgenommen, die Portionen sind üppig. Hunger hatte ich dabei keinen und ich habe mich fit gefühlt", so Maria L. bei einem Interview nach dem Basenfasten.

Fettauge sei wachsam

So viel Essen für so wenig Kalorien ist nur möglich, wenn mit wenig Fett gekocht wird. Beim Gemüse spielt es keine Rolle, ob Sie 200 oder 300 g verspeisen. Das Fett hingegen müssen Sie genau abmessen, denn bereits 1 EL Fett oder Öl schlägt sich mit 90 kcal zu Buche. Als Grundregel gilt: Verwenden Sie für ein Hauptgericht pro Person 1/2 EL Öl und 250 g Gemüse.

Bio-Stoffe heizen die Fettverbrennung an

Vitamin C – und damit sind Sie beim Basenfasten gut versorgt – ist ein weiterer Helfer beim Abnehmen, denn es schützt nicht nur vor dem nächsten Schnupfen, sondern steigert auch die Bildung der fettabbauenden Hormone Noradrenalin und Wachstumshormon. Trinken Sie daher auch viel heißes oder kaltes Wasser mit Zitronensaft. Aber auch Magnesium aus Blatt-, Kohlgemüse, Kräutern und Bananen regt den Fettabbau an.

Genießen rettet die Figur

Gemüse, Obst, Kräuter und Kartoffeln sind nicht nur die Zutaten für das Basenfasten, sondern auch für köstliche Gerichte, die schnell und einfach zubereitet sind. Am Fett wird gespart, dafür aber gut gewürzt, mit reichlich frischen Kräutern, aromatischen Gewürzen, Ingwer, Zitronen- und Orangenschale. Schonende Garmethoden erhalten das feine Gemüse- und Fruchtaroma, pfiffige Kombinationen von Gemüse, Früchten und Trockenfrüchten bringen Abwechslung auf den Speiseplan.

Kartoffeln – gute Kohlenhydrate halten fit

Kartoffeln stehen beim Basenfasten täglich auf dem Speiseplan. Sie haben wenig Kalorien, versorgen mit Energie und wirken stark basenbildend.

Kartoffeln machen dick – ein Vorurteil

Das Gegenteil ist der Fall. Nicht die Kartoffeln machen dick, sondern das Fett, mit dem sie zubereitet werden: zu Pommes frites, Bratkartoffeln, buttrigem Püree oder den allgegenwärtigen Kartoffelchips.

Kartoffeln allein enthalten praktisch kein Fett, dafür aber gut verwertbares pflanzliches Eiweiß und energieliefernde Kohlenhydrate. Diese Kraftspender haben ganz zu Unrecht einen schlechten Ruf. In den letzten Jahren wurde undifferenziert vor Kohlenhydraten gewarnt und damit Kartoffeln, Hülsenfrüchte und Vollkornprodukte mit Torten, Weißmehlprodukten, Süßigkeiten und Limos in einen Topf geworfen. Als Abnehmstrategie kamen eiweißlastige Diäten in Mode. Die Folgen sind bekannt: latente Übersäuerung!

Kohlenhydrate – die richtigen braucht der Mensch

Bei kohlenhydratreichen Lebensmitteln gilt es genau zu unterscheiden: Die dick machenden Kohlenhydrate konsumieren wir mit Weißmehlprodukten, Torten, Fastfood, Fertigprodukten und Süßigkeiten. Diese einfachen Kohlenhydrate werden sehr schnell verdaut, treiben den Blutzuckerspiegel rasch in die Höhe und steigern die Ausschüttung von Insulin, dem Hormon, das für den Fetteinbau zuständig ist. Zu richtig fatalen Dickmachern werden sie, wenn sich zum Zucker noch das Fett gesellt.

Kartoffeln, aber auch Vollkornprodukte und Hülsenfrüchte, enthalten hingegen komplexe Kohlenhydrate. Sie werden langsam verdaut, halten den Blutzuckerspiegel konstant, versorgen mit einem gleichbleibenden Energiefluss, und Heißhungerattacken bleiben aus. Darüber hinaus sind diese Lebensmittel praktisch fettfrei, reich an schützenden Vitalstoffen und verdauungsfördernden Ballaststoffen. Auch Gemüse und Früchte liefern komplexe Kohlenhydrate, allerdings nur in geringeren Mengen.

Viel Energie für wenig Kalorien

200 g Kartoffeln haben 140 kcal und sind praktisch fettfrei. Auch das Vollkorngetreide zum Frühstück, als Flocken oder fein geschrotet, gehört zum Basenfasten. Damit tanken Sie reichlich Energie für den Vormittag und beugen dem Appetit auf Zuckersüßes und Fettes vor. Getreide zählt zwar zu den schwach säurebildenden Lebensmitteln. Die vielen frischen Früchte und Trockenfrüchte, die es täglich zum Frühstück gibt, gleichen das aber locker aus. Die komplexen Kohlenhydrate brauchen wir auch als Nahrung für unser Gehirn, denn es verbraucht bis zu 75 % der aus ihnen gewonnenen Glukose.

Basenfasten – die Zutaten

Sie können aus dem Vollen schöpfen, sämtliche Zutaten sind cholesterinfrei und alle Gerichte sind vegan.

Basenbildend sind alle Gemüsesorten, Salate und Kräuter

Besonders stark basenbildend sind: Kartoffeln, Auberginen (Melanzani), Blumenkohl (Karfiol), Fenchel, Grünkohl, Karotten, Radieschen, Rosenkohl (Kohlsprossen), Sellerie, Feldsalat (Vogerlsalat), Rucola, Petersilie, Basilikum, Schnittlauch.

Basenbildend sind alle Früchte und Beeren

Besonders stark basenbildend sind: Aprikosen (Marillen), Bananen, Grapefruits, Kiwis, Kirschen, Mangos, Orangen, Schwarze Johannisbeeren und Trauben sowie getrocknete Aprikosen (Marillen), Feigen und Rosinen.

Schwach basenbildend sind Sojamilch, Sojajoghurt, Tofu, Haselnüsse und Kefir. **Neutral** ist Öl.

Dazu

Zum Frühstück ca. 30 g Getreide sowie über den Tag verteilt teelöffelchenweise Nüsse und Samen zum Drüberstreuen. Getreide am Morgen versorgt mit energieliefernden Kohlenhydraten und verhindert Heißhungerattacken. Nüsse und Samen enthalten zellschützende Fettsäuren und Vitamin E.

Getreide sowie die meisten Nüsse und Samen sind zwar schwach säurebildend, das fällt jedoch bei der großen Menge basenbildender Lebensmittel, die Sie essen, nicht ins Gewicht. Die Gesamtbilanz eines Tages zeigt einen enormen Basenüberschuss. Sie profitieren spürbar von der entsäuernden und gesundheitsfördernden Wirkung dieser Lebensmittelauswahl und nehmen ab.

Kräutertee

Empfehlenswert sind: Brennnessel-, Melisse-, Brombeer- und Erdbeerblätter, Anis, Fenchel, Kümmel, Grüner Hafertee, Schafgarben-, Odermennig- und Maishaartee.

Im Internet finden Sie unter **www.saeure-basen-forum.de** sowohl eine Lebensmitteltabelle als auch einen Säure-Basen-Rechner*.

*Berechnungen des PRAL-Faktors nach Remer und Manz, Journal of the American Dietetic Association 95:791–797, 1995)

Basenfasten – für den Berufsalltag geeignet

Persönliche Essvorlieben, individuelle Zeitpläne und unterschiedliche Bedingungen am Arbeitsplatz: Basenfasten können Sie immer.

Der klassische Basenfasten-Tag – drei Hauptmahlzeiten

Wenn es Ihr Berufsalltag erlaubt und Sie am Arbeitsplatz einen Kühlschrank und Möglichkeiten zum Aufwärmen des Essens haben, dann können Sie das Basenfasten einfach nach dem unten stehenden Schema durchführen. Die Gemüse- und Kartoffelrezepte aus diesem Buch lassen sich gut vorbereiten und eignen sich zum Aufwärmen. Auch Salatzutaten und Dressings sind transportfähig und gekühlt gut haltbar.

Frühstück

Warmes Dinkelfrühstück mit Früchten, Beeren und Mandeln, dazu 2 Stück Obst (S. 28) oder ein anderes Frühstücksrezept (S. 28 bis S. 32).

Mittagessen

Gemüse-Kartoffel-Gericht oder Gemüsegericht (S. 86 bis S. 100), eine große Kartoffel (gedämpft, aus dem Ofen oder aus der Folie), eine Portion Salat (Blatt, Gemüse, Kräuter) mit Dressing (S. 42 bis S. 61).

Abendessen vor 19 Uhr

2 Portionen Suppe, bestreut mit vielen frischen Kräutern (Rezepte S. 64 bis S. 82).

Täglich 2 bis 3 Liter Kräutertees und/oder Mineralwasser ohne Kohlensäure.

Wie lange Basenfasten?

Meist dauert das Basenfasten eine Woche. Da Sie jedoch mit Nährstoffen gut versorgt sind und satt werden, können Sie das Programm auch zwei Wochen lang durchführen.

Wie es für mich passt – das Basenfasten flexibel gestalten

Viele haben am Arbeitsplatz nicht die notwendige Infrastruktur, weder Kühlschrank noch Kochplatte, um Gemüse und Beilagen aufzuwärmen. Trotzdem können Sie auch während der Arbeitswoche das Basenfasten-Programm durchführen. Es lässt sich ganz flexibel an Ihre individuelle Situation und Ihre Bedürfnisse anpassen.

Frühstück zu üppig? Einfach mitnehmen!

Das fängt gleich mit dem Frühstück an. Diese, man muss schon sagen, Hauptmahlzeit sollten Sie nicht auslassen. In der Früh schaffen Sie so eine üppige Portion auf keinen Fall? Dann werden das restliche Müsli und die Früchte eingepackt und als kleiner Snack am Vormittag oder am Nachmittag gegessen.

Das entspricht zwar nicht dem klassischen Basenfasten-Prinzip „Dreimal am Tag essen". Letztlich entscheidet aber die Gesamtkalorienzahl und die entsprechende Zusammensetzung der Nähr- und Vitalstoffe über den Erfolg des Basenfastens – und die bleibt konstant, auch wenn Sie einen Teil des Müslis am Nachmittag essen. Sie müssen arbeiten und sollten darum auf diesen Energieschub nicht verzichten.

Kein Kühlschrank im Büro?

Schaffen Sie sich eine kleine Kühltasche an, darin findet das ganze Mittagessen gut Platz. Kaufen Sie gleich ein doppeltes Set Kühlelemente. Während die einen Ihr Essen kalt halten, können die anderen im Tiefkühlfach oder der Gefriertruhe wieder eiskalt werden.

Weder Kochplatte noch Mikrowelle?

Wenn Sie keine Gelegenheit haben, etwas aufzuwärmen, empfiehlt sich ein Thermobehälter, die moderne Ausgabe des früher so beliebten Henkelmanns. Es gibt preisgünstige Thermobehälter mit mehreren Einsätzen, sodass Sie verschiedene Menübausteine getrennt transportieren können. Auch den Kräutertee für den ganzen Tag können Sie in einer großen Thermoskanne mitnehmen. Sollten Sie eine Teeküche oder einen geeigneten Platz mit Steckdose haben, überlegen Sie sich die Anschaffung eines preisgünstigen Elektro-Dampfgarers mit übereinander gestapelten Dampfkörben. Der braucht nur den Platz eines A4-Blattes, lässt sich aber auf 3 Etagen befüllen. Hier können Sie alle Gerichte wärmen, manche sogar zubereiten. Vielleicht haben Kolleginnen oder Kollegen ja auch Interesse an solch einem Gemeinschaftsgerät.

Suppe zum Mittagessen

Diese Version des Basenfastens ist sehr beliebt. Suppe lässt sich einfach transportieren, kalt oder warm, und gegebenenfalls problemlos aufwärmen. Gemüse, Kartoffeln und Salat gibt es dann abends und während Sie gemütlich essen oder fernsehen, köchelt die Suppe für den nächsten Tag vor sich hin.

Mittags einen großen Salat

Eine üppige Salatplatte, das ist Ihr Lieblingsmittagessen und abends haben Sie Appetit auf Suppe?

Auch dafür gibt es einen entsprechenden Wochenplan (S. 24). Damit Sie anhaltend satt werden, sollten Sie zum Salat eine Kartoffelbeilage essen. Die können Sie im Thermobehälter mitnehmen, im Dampfgarer dämpfen oder wärmen – oder einfacher aus der Kantine eine Portion gekochte Kartoffeln oder Folienkartoffeln holen.

Vorkochen, warm halten oder wieder aufwärmen ohne Qualitätsverlust

Für maximalen Genuss darf das Gemüse nur bissfest gegart werden. Soll das Essen gekühlt mitgenommen werden, dann möglichst rasch abkühlen lassen und kalt stellen. Ist Warmhalten angesagt, dann die Gerichte ganz heiß in den Thermobehälter füllen und diesen gut verschließen. Durch das Warmhalten wird das Gemüse weicher. Besonders gut zum Warmhalten, aber auch zum Aufwärmen geeignet sind Gemüsesuppen. Wenn Sie Suppentöpfe mit ganzen Gemüsestückchen vorbereiten, dann auch diese nur kurz kochen.

Der Salat aus der Kantine

Sie können oder wollen nicht alle Gerichte selbst zubereiten? Kein Problem, das hindert Sie nicht am Basenfasten. Nehmen Sie eine bunte Salatmischung aus dem Supermarkt mit oder bedienen Sie sich am Salatbuffet in der Kantine. Allerdings ohne Dressing. Denn die Kontrolle über die Zutaten sollten Sie behalten. Marinieren Sie den Salat nur mit Zitronensaft, Essig, Öl, Salz und Pfeffer. Streuen Sie frische Kräuter darüber, die gibt es auch tiefgekühlt im Supermarkt. Bestellen Sie im Restaurant oder der Kantine als Vorspeise frisch gepressten Saft, dann Gemüseplatte mit Tomatensoße und gedämpfte Kartoffeln. Mineralwasser ohne Kohlensäure, dafür mit Zitronensaft stillt den Durst. Als Nachspeise gibt es Fruchtsalat oder ein großes Stück Melone.

Auch das trägt zum Erfolg des Basenfastens bei

Basenfasten am Wochenende beginnen

Erfahrungsgemäß ist es günstig, mit dem Basenfasten am Samstag zu beginnen. Dann hat der Organismus zwei Tage Zeit, sich an die neuen Essverhältnisse zu gewöhnen.

Kein oder weniger Salz

Das entwässert, wirkt blutdrucksenkend und sensibilisiert die Geschmacksnerven für das natürliche Aroma der Speisen. Viel Geschmack bringen frische Kräuter und Gewürze.

Null Zucker!

Für die Rezepte in diesem Buch brauchen Sie überhaupt keinen Zucker und auch keinen Honig. Frische und getrocknete Früchte haben einen natürlichen Süßgeschmack. Weiterer Pluspunkt von „Null Zucker!": Der Blutzuckerspiegel bleibt konstant, Heißhungerattacken und Energietiefs werden vermieden.

Individuelle Essvorlieben beachten

Hören Sie auf Ihren Körper. Wenn Sie manche Zutaten nicht vertragen, z.B. Knoblauch oder Zwiebeln, eine Gemüsesorte, eines der Kräuter oder ein Gewürz nicht mögen, diese einfach weglassen und dafür mehr von den anderen Zutaten verwenden.

Zwischendurch hungrig?

Erfahrungsgemäß treten beim Basenfasten keine Hungergefühle auf. Wenn Sie aber wider Erwarten hungrig werden, dann essen Sie zwischendurch klein geschnittenes rohes Gemüse. Nach dem Abendessen sollten Sie jedoch außer Tee und Wasser nichts mehr zu sich nehmen.

Laktoseintoleranz und Zöliakie

Da alle Zutaten rein pflanzlich sind, ist Basenfasten auch für Menschen mit Laktoseintoleranz gut geeignet. Bei Zöliakie wird das Frühstück mit Reis- oder Hirseflocken zubereitet.

Schon eine Woche vor dem Basenfasten Kaffee & Co. reduzieren

Zu viel Kaffee, schwarzer oder grüner Tee kann den Magen lokal übersäuern und Sodbrennen auslösen. Allerdings hat das nichts mit einer latenten Übersäuerung des Organismus zu tun. Trotzdem sollten Sie auf diese anregenden Getränke schon eine Woche vor Beginn des Basenfastens verzichten oder ihren Konsum deutlich einschränken. Alkohol und Nikotin lassen Sie am besten ganz weg.

Bewegung macht den Kilos Beine

Regelmäßige Bewegung bringt das Abnehmen gleich dreifach in Schwung. Erstens werden beim Sport – am besten beim Ausdauertraining – mehr Kalorien verbrannt. Zweitens ist der Kalorienverbrauch auch noch Stunden nach dem Training erhöht. Drittens: Regelmäßiger Sport führt zu mehr Muskelmasse, und die verbraucht noch mehr Kalorien.

Der Aufbautag

Geben Sie Ihrem Organismus die Chance, sich wieder behutsam an die große Lebensmittelauswahl zu gewöhnen. Essen Sie am Tag nach dem Basenfasten zum Frühstück ein Dinkelbrot mit Butter oder Kräuterquark, dazu Tomaten und Radieschen oder Müsli mit Joghurt und Obst. Zum Mittagessen leichten Fisch mit Gemüse, Kartoffeln und Salat und abends nochmals die bewährte Gemüsesuppe.

Schlau organisieren, Zeit und Arbeit sparen

Einmal pro Woche einkaufen

Den Einkauf für eine Woche Basenfasten können Sie auf einmal erledigen. Auch darum ist es empfehlenswert, das Programm am Samstag zu starten. Die Qualität der Speisen steigt und fällt mit der Qualität von Gemüse, Früchten, Kräutern und Kartoffeln, den wichtigsten Zutaten für das Basenfasten. Kaufen Sie diese auf dem Markt, in einer Gemüsehandlung oder einem Supermarkt mit wirklich gutem Angebot, bevorzugt aus biologischer Landwirtschaft. Wählen Sie nur tagesfrische Produkte. Angeschrumpeltes Gemüse, Früchte und welker Salat halten sich nicht, liefern auch weniger Vitamine! Auch alle weiteren Zutaten können auf Vorrat gekauft werden: Trockenfrüchte, Nüsse und Samen, Öl, Sojadrink, Sojajoghurt, Sojasahne, Sojarahm, Kokosmilch, Gewürze, Getreideflocken und ganze Körner. Wenn Sie keine Getreidemühle zu Hause haben, die Körner im Naturkostgeschäft schroten lassen.

Wenn Sie den großen Einkauf für eine ganze Woche planen, sollten Sie allerdings den Kühlschrank vorher ziemlich leer räumen. Sie werden staunen, welch große Mengen an köstlichem Grünzeug Sie verspeisen werden. Die Einkauflisten (S. 128) helfen Ihnen beim Einkauf.

So bleiben Gemüse, Früchte, Salat und Kräuter frisch

Damit Gemüse und Früchte eine Woche lang knackig und saftig bleiben, müssen sie im Kühlschrank oder im sehr kühlen Keller gelagert werden. Das Gleiche gilt für Kartoffeln. Nur Tomaten, Avocados oder Mangos, die in den ersten Tagen des Basenfastens auf dem Plan stehen, brauchen Zimmertemperatur. Blattsalat bleibt tagelang frisch, wenn Sie die äußeren härteren Blätter entfernen, den Strunk etwas abschneiden und mit feuchtem Küchenpapier umwickeln. Dann den Salatkopf in einem Plastikbeutel gut verschließen. Von Kräutern die Stängel leicht abschneiden. Kräuterbund in kaltem Wasser schwenken und etwas trocken schütteln. Auf den Boden einer großen Plastikdose Küchenpapier legen und darauf die Kräuter. Dose gut verschließen und ab in den Kühlschrank. Auch für Radieschen gibt es einen Trick: Das Grün abschneiden, Radieschen waschen, abtropfen lassen, in einer gut schließenden Plastikdose kalt stellen.

Gut planen, besser essen

Einige Rezepte gleich in größeren Mengen vorbereiten. Cremesuppen eignen sich z.B. perfekt zum Einfrieren. Darum können Sie die Cremesuppen für das ganze Basenfasten-Programm schon am Wochenende zubereiten und „nur" drei Suppen in größeren Mengen kochen und portionsweise einfrieren. Vorkochen und einfrieren lassen sich auch soßenreiche Gemüsegerichte mit Karotten, Roten Beeten (Roten Rüben), Kürbis, Paprika oder Blumenkohl (Karfiol). Auch Rezepte mit gegarten Früchten werden in weiser Voraussicht in größeren Mengen zubereitet. So kann die Lust auf Süßes ohne Zucker gestillt werden.

Immer mehr Supermärkte bieten rohes, geschnittenes Gemüse, geschnittene Früchte und fertige Salatmischungen an. Das hilft, wenn Sie sehr im Stress sind oder keine Lust haben, alles selbst zu schnippeln. Auch tiefgekühltes Gemüse und tiefgekühlte Beeren sind immer gut für ein schnelles Essen.

Auch das spart Zeit: Eine Kartoffel mehr kochen, damit blitzschnell die Suppe für den nächsten Tag zubereiten: 500 ml Gemüsebrühe, 150 g klein geschnittenes Gemüse und 2 klein geschnittene Frühlingszwiebeln 8 Minuten köcheln. Kartoffelwürfel untermischen, kurz erhitzen. Alles mit dem Mixstab pürieren.

Rezeptbausteine garantieren Vielfalt

Betrachten Sie die Rezepte als Bausteine. Sie können damit immer wieder neue Hauptgerichte zusammenstellen. Reichen Sie Kartoffel-Paprika-Burger zum Zucchinisalat und essen Sie Champignons in Cremesoße mit Stampfkartoffeln. Auch die fruchtig-süßen Rezepte lassen sich kombinieren: Zum Orangenpudding schmeckt Zwetschken-Aprikosen-Soße mit Ingwer, zu Bratäpfeln passt das Mango-Topping und zum Granatapfel-Mandarinen-Salat die Sesam-Sojajoghurt-Creme.

Wie oft basenfasten?

Abwechslung wird beim Basenfasten großgeschrieben. Diese heilsame Woche soll ja kein Einzelfall bleiben, sondern kann jedes Jahr ein- bis zweimal durchgeführt werden – zum Wohl der Gesundheit und zur Förderung der schlanken Linie. Damit das Basenfasten nachhaltig wirken kann, ist es empfehlenswert, diese Gerichte auch im „normalen Alltag" regelmäßig auf den Tisch zu bringen. Also Gründe genug, um die 120 Rezepte dieses Buches immer wieder aufs Neue zu kombinieren und mit wenig Aufwand zu variieren.

Dauerhaft schlank und in der Säure-Basen-Balance

Basenfasten ist mehr als eine Woche, in der Sie abnehmen und den Organismus entlasten. Nutzen Sie es auch als Start zu neuen, gesunden Essgewohnheiten. So halten Sie Ihr Gewicht oder nehmen langfristig sogar noch mehr ab.

Kulinarischer Neuanfang

Selbstverständlich stehen nach dem Basenfasten wieder Milchprodukte, Fisch, Fleisch, Geflügel, Getreide und Hülsenfrüchte auf dem Speiseplan. Damit das Säure-Basen-Gleichgewicht und die schlanke Linie gesichert sind, sollten jedoch weiterhin basenbildendes Gemüse, Früchte, Kräuter und Kartoffeln die Hauptrolle spielen. Bauen Sie die Rezepte aus diesem Buch weiterhin in Ihren Speiseplan ein oder machen Sie regelmäßig einen Basenfasten-Tag – das entlastet, besonders nach Feiertagen mit üppigen Festessen, die Sie nach Herzenslust und ohne schlechtes Gewissen genießen sollten.

Überwiegend pflanzliches Eiweiß essen

Sie sind auf der „basensicheren" Seite, wenn Ihr Essen überwiegend aus Pflanzlichem besteht. Dazu gehören auch Vollkornprodukte und Hülsenfrüchte. Die leichte Säurebildung aus diesen wertvollen, pflanzlichen Eiweißlieferanten kann leicht durch Gemüse, Obst und Kräuter ausgeglichen werden. Auch Kartoffeln und Sojaprodukte liefern gut verwertbares Eiweiß – und sind basenbildend.

Leichte Milchprodukte bevorzugen

Kefir ist leicht basenbildend. Joghurt, Buttermilch und Milch sind schwach säurebildend. Fettarme Milchprodukte können Sie in vollen Zügen genießen und von ihrem hohen Gehalt an Kalzium profitieren. Wichtig für die Säure-Basen-Balance: diese Milchprodukte immer in Kombination mit Basenbildendem essen, also Joghurt mit Früchten oder Buttermilch gemixt mit Beeren. Käse, besonders Hartkäse, ist stark säurebildend und sehr fett. Trotzdem müssen wir darauf nicht verzichten: Parmesan, fein gerieben über Tomatensoßen streuen, Trauben, Äpfel und Birnen zum Gorgonzola essen, Schafskäsewürfel über den Salat geben. Butter und Sahne sind nur schwach säurebildend, aber sehr fett, darum überlegt und sparsam verwenden!

Fisch und Fleisch – kleine Portionen und beste Qualität

Saftiges Steak, aromatisches Rindsragout und zarte Hühnerbrust – kaufen Sie die Zutaten bevorzugt in Bio-Qualität, essen Sie kleine Portionen davon und dazu mehr „Beilagen": Salate, Kartoffel- und Gemüsegerichte. So kann die starke Säurebildung aus Fleisch und Geflügel ausgeglichen werden. Obwohl eiweißreicher Fisch stark säurebildend ist, darf die Portion größer ausfallen. Fisch verwöhnt Sie mit herzschützenden Omega-3-Fettsäuren, Vitamin D und K. Gibt es zum Fisch reichlich knackige Salate, aromatische Gemüse- und Kartoffelgerichte mit üppig frischen Kräutern, dann stimmt sowohl die Säure-Basen-Balance als auch der kulinarische Genuss.

Fett – „wenig" heißt das Zauberwort

Überwiegend pflanzlich und beste Qualität, das gilt auch für das Fett, bevorzugt Oliven-, Raps-, Sonnenblumen- und Sojaöl, für Salate kalt gepresst – und nur 1/2 bis 1 EL pro Person.

Fruchtig- statt zuckersüß

Ob Dessert, Kuchen oder kleine Nascherei, greifen Sie zu Fruchtig-Süßem mit sehr wenig oder ohne Zucker, wie in den Rezepten in diesem Buch.

Durst stillen mit Wasser und Kräutertees

Limo- und Colagetränke sind eine der Hauptursachen von Übergewicht, bedrohen mit Phosphatsäuren die Säure-Basen-Balance. Trinken Sie darum auch nach dem Basenfasten gegen den Durst Mineralwasser (auch mit Zitronensaft) und entdecken Sie Ihre Lieblingskräuterteemischung.

So schaffen Sie den Ausgleich

Schlaue Kombinationen: Die Mengen sind so berechnet, dass bei diesen Kombinationen sogar ein Basenüberschuss entsteht.

Schlaue Kombinationen		
Säurebildend		**Basenbildend**
30 g Dinkel	werden ausgeglichen durch	5 g Rosinen + 100 g Apfel
10 g Mandeln	werden ausgeglichen durch	50 g Ananas
1 Scheibe Vollkornbrot (50g)	wird ausgeglichen durch	50 g Tomate + 50 g Karotten
50 g Reis	werden ausgeglichen durch	50 g Spinat
50 g getrocknete Linsen	werden ausgeglichen durch	50 g Paprika + 30 g Feldsalat (Vogerlsalat)
100 g Spaghetti	werden ausgeglichen durch	100 g Fenchel + 10 g Basilikum
100 g Joghurt	werden ausgeglichen durch	10 g getrocknete Feigen
120 g Lachsfilet	werden ausgeglichen durch	150 g Kartoffeln + 100 g Brokkoli + 20 g Petersilie + 100 g Pfirsich
120 g Fleisch (Rind, Schwein)	werden ausgeglichen durch	150 g Kartoffeln + 50 g Kopfsalat + 50 g Karotten
120 g Hühnerfleisch	werden ausgeglichen durch	150 g Kartoffeln + 100 g Kohlrabi
30 g Hartkäse	werden ausgeglichen durch	150 g Weintrauben und 50 g Birne

Kein Problem, wenn Sie nicht bei jedem Essen den Ausgleich schaffen. Die Säure-Basen-Bilanz rechnet sich über den ganzen Tag. Es gibt genug Gelegenheiten, reichlich Gemüse, Früchte, Kartoffeln und Kräuter zu essen. Mit dem Säure-Basen-Rechner* können Sie Ihre Tagesbilanz überprüfen oder berechnen, ob ein Rezept ausgeglichen ist: **www.saeure-basen-forum.de**

*nach Remer und Manz (1995)

Basenfasten – Woche 1

Mit 840 kcal pro Person und Tag

Täglich
Frühstück
Warmes Dinkelfrühstück und 2 Stück Obst (S. 28)
oder ein anderes Frühstücksrezept (S. 28 bis S. 32).

2 Hauptmahlzeiten
Ob Sie die Gerichte mittags oder abends essen,
bestimmen Sie im Einklang mit Ihrem Berufsalltag.
Von den Suppen können Sie als Hauptmahlzeit
2 Portionen essen.

Dazu einmal den Basenfasten-Salat
Mittags oder abends – zu welcher Mahlzeit Sie den
Salat (S. 44) essen, entscheiden Sie im Hinblick auf
Bekömmlichkeit und Ihren Zeitplan.

1. Tag
Pilze, Lauch und Sprossen aus dem Wok (S. 102),
dazu Blumenkohl-Kartoffel-Püree (S. 102)
Karibische Gemüsesuppe mit Kürbis (S. 81)

2. Tag
Folienkartoffeln und Sellerie-Dip (S. 92), dazu
gebratener Brokkoli mit Tomaten, Oliven
und Kapern (S. 94)
Suppentopf mit Sekundengemüse (S. 69)

3. Tag
Kürbis-Paprika-Curry mit Kokossoße (S. 104),
dazu gedämpfte Kartoffeln
Asia-Suppentopf mit Pilzen
und Sprossen (S. 78)

4. Tag
Blumenkohl mit grüner Soße (S. 96),
dazu gedämpfte Kartoffeln
Karotten-Rote-Beete-Suppe mit Zitronengras (S. 70)

5. Tag
Geschmorte Gurken in Zitronencreme (S. 87),
dazu Stampfkartoffeln mit Basilikum (S. 90)
Paprikacremesuppe mit Pinienkernen (S. 68)

6. Tag
Andalusischer Pisto mit Auberginen, Paprika und
Tomaten (S. 91), dazu Kartoffeln (gedämpft oder
aus dem Ofen)
Wirsing-Kartoffel-Topf (S. 80)

7. Tag
Rote Beete mit Apfel-Meerrettich-Soße (S. 97),
dazu Kümmelkartoffeln (S. 97)
Lauch-Topinambur-Suppe (S. 72)

Kartoffelrezepte – nach Bedarf auswechseln
Praktisch: Sie können als Kartoffelbeilage natürlich
jedes Kartoffelrezept aus dem Kochbuch wählen oder
auch die Rezepte innerhalb der Woche tauschen.
Das gilt selbstverständlich auch für Suppen- und
Gemüserezepte.

Für gedämpfte Kartoffeln und Ofenkartoffeln gilt:
200 g pro Person

Einkaufslisten finden Sie auf S. 128.

Basenfasten – Woche 2

Mit 840 kcal pro Person und Tag

Täglich
Frühstück
Warmes Dinkelfrühstück und 2 Stück Obst (S. 28)
oder ein anderes Frühstücksrezept (S. 28 bis S. 32).

2 Hauptmahlzeiten
Ob Sie die Gerichte mittags oder abends essen,
bestimmen Sie im Einklang mit Ihrem Berufsalltag.
Von den Suppen können Sie als Hauptmahlzeit
2 Portionen essen.

Dazu einmal den Basenfasten-Salat
Mittags oder abends – zu welcher Mahlzeit Sie den
Salat (S. 44) essen, entscheiden Sie im Hinblick auf
Bekömmlichkeit und Ihren Zeitplan.

1. Tag
Brokkoli, Zucchini und Karotten aus dem Dampf mit
Pesto (S. 101), dazu knusprige Kartoffelplätzchen
(S. 106)
Lauch-Topinambur-Suppe (S. 72)

2. Tag
Spargel mit Petersilien-Nuss-Soße (S. 90),
dazu gedämpfte Kartoffeln
Provenzalische Sommersuppe mit
Tomaten-Basilikum-Dip (S. 82)

3. Tag
Gebratene Sesam-Auberginen mit Pilzen (S. 105),
dazu gedämpfte Kartoffeln
Kohlrabi-Petersilien-Suppe (S. 66)

4. Tag
Gegrillte Zucchini mit Pesto aus getrockneten
Tomaten (S. 88), dazu Zitronenkartoffeln (S. 88)
Klarer Borschtsch mit Steinpilzen und Kraut (S. 77)

5. Tag
Cremiges Karotten-Apfel-Curry (S. 104),
dazu gedämpfte Kartoffeln
Zucchinisuppe mit Pilzen (S. 68)

6. Tag
Grüne Bohnen mit gegrillten roten Paprika (S. 106)
und Folienkartoffeln (S. 92)
Frühlingszwiebel-Kartoffel-Suppe (S. 69)

7. Tag
Tajine – Marokkanisches Schmorgemüse mit Aprikosen
(S. 98), dazu Kartoffeln (gedämpft oder aus dem Ofen)
Brokkoli-Pastinaken-Suppe (S. 72)

Kartoffelrezepte – nach Bedarf auswechseln
Praktisch: Sie können als Kartoffelbeilage natürlich
jedes Kartoffelrezept aus dem Kochbuch wählen oder
auch die Rezepte innerhalb der Woche tauschen.
Das gilt selbstverständlich auch für Suppen- und
Gemüserezepte.

Für gedämpfte Kartoffeln und Ofenkartoffeln gilt:
200 g pro Person

Einkaufslisten finden Sie auf S. 128.

Suppe-und-Salat-Woche

Mit ca. 800 kcal pro Person und Tag

Täglich

Frühstück

Warmes Dinkelfrühstück und 2 Stück Obst (S. 28) oder ein anderes Frühstücksrezept (S. 28 bis S. 32).

2 Hauptmahlzeiten

Ob Sie die Gerichte mittags oder abends essen, bestimmen Sie im Einklang mit Ihrem Berufsalltag. Von den Suppen können Sie als Hauptmahlzeit 2 Portionen essen.

1. Tag

Spinatsalat mit Pilzen (S. 53), dazu Kartoffeln (gedämpft oder aus dem Ofen)
Karibische Gemüsesuppe mit Kürbis (S. 81)

2. Tag

Avocado-Tomaten-Salat mit Sprossen (S. 47), dazu Kartoffeln (gedämpft oder aus dem Ofen)
Zucchinisuppe mit Pilzen (S. 68)

3. Tag

Kartoffelsalat mit Radieschen-Schnittlauch-Salsa und gebratenem Räuchertofu (S. 58)
Paprikacremesuppe mit Pinienkernen (S. 68)

4. Tag

Feldsalat mit Fenchel und Mandarinen (S. 47), dazu Kartoffeln (gedämpft oder aus dem Ofen)
Provenzalische Sommersuppe mit Tomaten-Basilikum-Dip (S. 82)

5. Tag

Zucchinisalat mit Oliven und Kapern (S. 49), dazu Kartoffeln (gedämpft oder aus dem Ofen)
Karotten-Rote-Beete-Suppe mit Zitronengras (S. 70)

6. Tag

Brokkolisalat mit gebratenen Paprika (S. 52), dazu Kartoffeln (gedämpft oder aus dem Ofen)
Lauch-Topinambur-Suppe (S. 72)

7. Tag

Grüne Bohnen mit Gazpacho-Dressing (S. 48), dazu Kartoffeln (gedämpft oder aus dem Ofen)
Suppentopf mit Sekundengemüse (S. 69). Für das Rezept 500 g Gemüsereste von der Karotte bis zu den Zucchini verarbeiten und viele Kräuter dafür verwenden.

Kartoffelrezepte – nach Bedarf auswechseln

Praktisch: Sie können als Kartoffelbeilage natürlich jedes Kartoffelrezept aus dem Kochbuch wählen oder auch die Rezepte innerhalb der Woche tauschen. Das gilt selbstverständlich auch für Suppen- und Salatrezepte.

Für gedämpfte Kartoffeln und Ofenkartoffeln gilt: 200 g pro Person

Einkaufslisten finden Sie auf S. 128.

3 Suppentage – für die Entlastung zwischendurch

Mit 840 kcal pro Person und Tag

Täglich

Frühstück

Warmes Dinkelfrühstück und 2 Stück Obst (S. 28)
oder ein anderes Frühstücksrezept (S. 28 bis S. 32).

2 Suppen-Hauptmahlzeiten

Sie können pro Tag auch nur eine Suppe kochen und
diese mittags und abends essen. Von den Suppen
können Sie als Hauptmahlzeit 2 Portionen essen.

Dazu einmal den Basenfasten-Salat

Mittags oder abends – zu welcher Mahlzeit Sie den
Salat (S. 44) essen, entscheiden Sie im Hinblick auf
Bekömmlichkeit und Ihren Zeitplan.

1. Tag

Karibische Gemüsesuppe mit Kürbis (S. 81)
Frühlingszwiebel-Kartoffel-Suppe (S. 69)

2. Tag

Asia-Suppentopf mit Pilzen und Sprossen (S. 78)
Kohlrabi-Petersilien-Suppe (S. 66),
dazu Kartoffel-Croûtons (S. 66)

3. Tag

Paprikacremesuppe mit Pinienkernen (S. 68)
Suppentopf mit Sekundengemüse (S. 69)

Frühstück und Drinks

Das Grundrezept – Warmes Dinkelfrühstück mit Früchten, Beeren und Mandeln

Am Vorabend den Dinkel mit 250 ml kaltem Wasser vermischen, zudecken und über Nacht kalt stellen. Trockenfrüchte mit 150 EL kaltem Wasser vermischen, zudecken, über Nacht kalt stellen.

Am Morgen die Trockenfrüchte abgießen, Einweichflüssigkeit auffangen. Große Trockenfrüchte wie Pflaumen oder Aprikosen in kleine Stücke schneiden. Eingeweichten Dinkel, Einweichflüssigkeit der Trockenfrüchte und Zimt unter Rühren aufkochen, 3 Minuten köcheln. Bei Bedarf noch etwas Wasser dazugeben. Dinkelbrei mit Zitronensaft, Trockenfrüchten und Mandeln vermischen.

Die frischen Früchte und Beeren ganz nach Appetit gleich zum Frühstück oder als Snack im Lauf des Vormittags essen.
Pro Portion: 284 kcal, 4 g F, 6 g E, 55 g KH, 0 mg Chol

Für 2 Portionen
- 60 g Dinkel, grob geschrotet
- 30 g Trockenfrüchte (Pflaumen, Feigen, Aprikosen, Cranberrys, Rosinen, Mangos)
- 1/4 TL Zimt
- 1 TL Zitronensaft
- 1 EL Mandelblättchen
- 400 g frische Früchte und Beeren (Äpfel, Birnen, Orangen, Erdbeeren, Trauben, Pfirsiche, Ananas etc.)

Grits – die warme Dinkelgrießspeise

Sojadrink zum Kochen bringen, Dinkelgrieß, Rosinen und Zimt untermischen, unter Rühren 5 Minuten zu einem nicht zu dicken Brei kochen, bei Bedarf noch etwas Sojadrink untermischen. Grits in einen tiefen Teller geben, mit Orangensaft umgießen.
Pro Portion: 276 kcal, 5 g F, 12 g E, 44 g KH, 0 mg Chol

Für 2 Portionen
- 400 ml Sojadrink, ungesüßt
- 4 EL feiner Dinkelgrieß
- 2 TL Rosinen, fein gehackt
- 1/4 TL Zimt
- Saft von 4 Orangen

Porridge mit Äpfeln, Feigen und Mandarinensaft

Für 2 Portionen

* 60 g Hafer, fein geschrotet
* 1/2 TL Zimt
* Muskat
* Salz
* 2 getrocknete Feigen, kleine Stücke
* 2 saftige, säuerliche Äpfel, kleine Stücke
* Saft von 4 Mandarinen

In einem beschichteten Topf den Haferschrot mit Zimt und Muskat unter Rühren kurz anrösten. 400 ml Wasser und eine Prise Salz unterrühren. Porridge 10 Minuten leicht kochen, dabei ab und zu umrühren.

Feigen und Äpfel dazugeben. Porridge unter Rühren noch 5 Minuten köcheln. Der Hafer soll körnig weich sein und die Äpfel leicht zerfallen.

Porridge in einem tiefen Teller anrichten und mit Mandarinensaft umgießen.

Pro Portion: 297 kcal, 3 g F, 6 g E, 58 g KH, 0 mg Chol

Grundrezept lädt zu Variationen ein:

* Porridge mit 50 % Wasser und 50 % ungesüßtem Sojadrink zubereiten.
* Haferflocken statt Haferschrot verwenden.
* Im Sommer den Porridge mit Pfirsichen, Aprikosen (Marillen) und einer Soße aus fein pürierten Himbeeren zubereiten.

Müsli mit Nektarinen, Himbeeren und Sojajoghurt

Am Vorabend die Dinkelflocken mit 150 ml Wasser vermischen, zudecken und über Nacht kalt stellen.

Am Morgen die eingeweichten Dinkelflocken mit dem Sojajoghurt vermischen. Nektarinen, Himbeeren, Datteln und Haselnüsse untermischen.

Pro Portion: 300 kcal, 9 g F, 13 g E, 39 g KH, 0 mg Chol

Abwechslung im Einklang mit der Jahreszeit
Ob Apfel oder Melone, Brombeeren oder Stachelbeeren, dieses Müsli schmeckt mit sämtlichen Früchtchen.

Für 2 Portionen
- 40 g Dinkelflocken
- 300 g Sojajoghurt natur
- 200 g reife Nektarinen, kleine Stücke
- 100 g Himbeeren
- 2 getrocknete Datteln, feine Streifen
- 1 EL Haselnüsse, gehackt

Müsli mit Erdbeeren und Erdbeersoße

Dinkelflocken, Aprikosen und Zimt vermischen, mit dem kochenden Wasser übergießen und 30 Minuten quellen lassen. 200 g Erdbeeren und Mandeln untermischen.

Restliche Erdbeeren und Orangensaft mit dem Mixstab fein pürieren. Müsli und Erdbeersoße schichtweise in Gläsern anrichten.

Pro Portion: 263 kcal, 4 g F, 8 g E, 45 g KH, 0 mg Chol

Flocken einweichen? Ja, bitte!
Über Nacht eingeweicht und kalt gestellt oder am Morgen mit kochendem Wasser übergossen und 30 Minuten ausgequollen – so sind Getreideflocken besser verdaulich und versorgen Sie rascher mit Energie. Entgegen allen Vorurteilen schmeckt so das Müsli auch besser!

Für 2 Portionen
- 60 g Dinkelflocken
- 2 getrocknete Aprikosen, kleine Würfel
- Zimt
- 150 ml kochendes Wasser
- 300 g Erdbeeren, kleine Stücke
- 2 EL Mandeln, gehackt
- Saft von 2 Orangen

Müsli mit frischer Ananas und getrockneter Mango

Mangostücke, Kokosflocken und Zimt vermischen, mit kochendem Wasser übergießen und 30 Minuten quellen lassen. Erdmandelflocken, Ananas, Bananen und Orangensaft untermischen.

Pro Portion: 281 kcal, 7 g F, 11 g E, 47 g KH, 0 mg Chol

Chufa-Nüssli, auch Erdmandeln genannt

Nussig im Geschmack sind sie, die Erdmandeln – und reich an ungesättigten Fettsäuren, energieliefernden, komplexen Kohlenhydraten und Ballaststoffen. Erdmandelflocken gibt es in Naturkostläden und Reformhäusern.

Sie vertragen kein Gluten?

Sie können trotzdem Ihr Frühstücksmüsli genießen. Verwenden Sie dafür einfach Reis-, Hirse- oder Erdmandelflocken.

Für 2 Portionen

- 20 g getrocknete Mangos, kleine Stücke
- 1 TL Kokosflocken, ungesüßt
- 1/4 TL Zimt
- 80 ml kochendes Wasser
- 30 g Erdmandelflocken (Chufas)
- 200 g Ananas, kleine Stücke
- 1 kleine Banane, dünne Scheiben
- Saft von 2 Orangen

Orangen-Müsli schlückchenweise – für Frühstücksmuffel

Orangensaft, Rosinen, Sojajoghurt und Dinkelflocken mit dem Mixstab fein pürieren.

Pro Portion: 173 kcal, 3 g F, 8 g E, 27 g KH, 0 mg Chol

Für 2 Portionen

- 300 ml frisch gepresster Orangensaft
- 2 TL Rosinen, gehackt
- 200 g Sojajoghurt natur
- 2 EL Dinkelflocken

Bananen-Sojamilch mit Zimt und Zitrone

Für 2 Portionen
- 400 ml Sojadrink, ungesüßt
- 1 große Banane, Stücke
- Abgeriebene Schale von 1/4 Bio-Zitrone
- 1/4 TL Zimt

Sojadrink, Banane, Zitronenschale und Zimt im Mixglas oder mit dem Mixstab zu einem schäumenden Drink pürieren.
Pro Portion: 91 kcal, 2 g F, 5 g E, 12 g KH, 0 mg Chol

Aprikosen-Lassie

Für 2 Portionen
- 200 g Sojajoghurt natur
- 150 g Aprikosen (Marillen), Stücke
- Saft von 1 Orange

Im Mixglas oder mit dem Mixstab aus Sojajoghurt, Aprikosen und Orangensaft einen schäumenden Drink mixen. Wenn der Durst groß ist, noch kaltes Wasser untermischen.
Pro Portion: 118 kcal, 3 g F, 6 g E, 15 g KH, 0 mg Chol

Aprikosen-Lassie zu jeder Jahreszeit
Naturreinen Aprikosensaft (Marillensaft) statt frischer Früchte verwenden.

Fenchel-Ingwer-Tee – der Magenschmeichler

Bringen Sie 500 ml Wasser zum Kochen. Fenchel, und Ingwer dazugeben, kurz aufkochen und zugedeckt 7 Minuten ziehen lassen. Fenchel-Ingwer-Tee durch ein Sieb abgießen.
Pro Portion: 0 kcal, 0 g F, 0 g E, 0 g KH, 0 mg Chol

Für 2 Gläser
❖ 1 TL Fenchelsamen, leicht zerstoßen
❖ 20 g frischer Ingwer, dünne Scheiben

Rooibos-Chai – belebt, aber regt nicht auf

Kochen Sie 300 ml Wasser mit Ingwer, Kardamom, Nelke, Muskat und Zimtstange auf. Zugedeckt 10 Minuten köcheln.

Rooibos-Tee dazugeben, vom Herd nehmen und 5 Minuten ziehen lassen. Tee durch ein Sieb abgießen. Sojadrink erhitzen, mit dem Tee vermischen.
Pro Portion: 43 kcal, 3 g F, 4 g E, 1 g KH, 0 mg Chol

Rooibos
Kein Koffein, dafür reichlich schützende bioaktive Pflanzen- und Mineralstoffe – Rooibos-Tee ist ein angenehmes Getränk, das den Verzicht auf Kaffee, grünen und schwarzen Tee erleichtert.

Für 2 Portionen
❖ 10 g Ingwer, dünne Scheiben
❖ Samen aus 2 Kardamomkapseln, grob zerstoßen
❖ 1 Nelke
❖ Muskat
❖ 1 Zimtstange
❖ 2 TL Rooibos-Tee
❖ 250 ml Sojadrink ungesüßt

Orangentee – wärmt nicht nur im Winter

Für 2 Portionen
- 2 TL Rosinen, gehackt
- 250 ml frisch gepresster Orangensaft
- 1 TL Bio-Orangenschale, fein gehackt

Rosinen mit 50 heißem Wasser übergießen, 20 Minuten quellen lassen. Mit dem Mixstab Rosinen und Einweichwasser fein pürieren.

200 ml Wasser und Rosinenwasser erhitzen. Orangensaft und Orangenschale unterrühren. Orangentee erhitzen, aber nicht zum Kochen bringen.
Pro Portion: 36 kcal, 0 g F, 1 g E, 7 g KH, 0 mg Chol

Apfelpunsch

Für 2 Portionen
- 15 g getrocknete Äpfel, kleine Stücke
- 1 TL frischer Ingwer, fein gehackt
- 1 Zimtstange
- 250 ml naturtrüber Apfelsaft
- 4 Bio-Zitronenscheiben
- 2 TL Zitronensaft

Kochen Sie 250 ml Wasser mit Apfelstückchen, Ingwer und Zimt auf. 10 Minuten zugedeckt ziehen lassen.

Apfelsaft, Zitronenscheiben und Zitronensaft dazugeben. Punsch erhitzen, aber nicht zum Kochen bringen.
Pro Portion: 64 kcal, 1 g F, 1 g E, 14 g KH, 0 mg Chol

Granatapfel-Bananen-Smoothie

Zuerst den Granatapfel mit leichtem Druck auf der Arbeitsplatte hin- und herrollen, dann mit den Fingern rundum kräftig auf die Schale drücken. Granatapfel über einer Schale mit der Gabel anstechen, Saft heraustropfen lassen. Granatapfel halbieren und wie eine Orange mit der Saftpresse auspressen.

Mit dem Mixstab aus Granatapfelsaft, Bananen und Wasser einen schäumenden Smoothie mixen.
Pro Portion: 120 kcal, 0 g F, 1 g E, 27 g KH, 0 mg Chol

Für 2 Gläser
* 1 Granatapfel oder 150 ml Granatapfelsaft
* 1 Banane, Stücke
* 100 ml kaltes Wasser

Grüner Smoothie mit Spinat, Birne und Sprossen

Spinat, Birne, Sprossen, Zitronensaft und 250 ml kaltes Wasser im Mixglas zu einem Drink pürieren.
Pro Portion: 62 kcal, 2 g F, 2 g E, 10 g KH, 0 mg Chol

Basen-Power pur
Schluck für Schluck tragen grüne Smoothies zur Entlastung des Säure-Basen-Haushalts bei und verwöhnen mit reichlich Folsäure.

Für 2 Portionen
* 100 g junger Spinat, kleine Blättchen
* 1 saftige, säuerliche Birne, kleine Stücke
* 4 EL Alfalfa-Sprossen
* 1/2-1 EL Zitronensaft

Grüner Smoothie mit Rucola, Fenchel und Apfel

Kopfsalat, Rucola, Fenchel, Apfel, Zitronensaft und 300 bis 400 ml kaltes Wasser im Mixglas zu einem Drink pürieren.
Pro Portion: 64 kcal, 2 g F, 1 g E, 10 g KH, 0 mg Chol

Für 2 Portionen
❖ 150 g Kopfsalat, Stücke
❖ 50 g Rucola, Stücke
❖ 100 g Fenchel, kleine Stücke
❖ 1 großer Apfel, kleine Stücke
❖ 2-3 EL Zitronensaft

Kräuterwasser

Petersilie, Basilikum, Minze, Zitronensaft und 500 ml kaltes Wasser im Mixglas zu einem Drink pürieren.
Pro Portion: 17 kcal, 0 g F, 1 g E, 3 g KH, 0 mg Chol

Wildes Wasser
Sauerampfer, Löwenzahn und Brunnenkresse – bereiten Sie diesen Drink auch mit Wildkräutern zu.

Schmeckt auch warm
Sie haben das Bedürfnis, etwas Warmes zu trinken, wollen aber trotzdem von der enormen Basen-Power frischer Kräuter profitieren? Dann einfach das Kräuterpüree mit heißem Wasser aufgießen!

Für 2 Portionen
❖ 1/2 Bund Petersilie, fein gehackt
❖ 1/2 Bund Basilikum, fein gehackt
❖ 8 Minzeblättchen, fein gehackt
❖ 1 EL Zitronensaft

Rote-Beete-Ananas-Orangen-Drink

Für 2 Portionen

- ❖ 200 ml Rote-Beete-Saft (Rote-Rüben-Saft), frisch oder aus der Flasche
- ❖ 150 g frische Ananas, kleine Stücke
- ❖ Saft von 2 Orangen

Rote-Beete-Saft, Ananas und Orangensaft mit dem Mixstab fein pürieren. Eventuell noch kaltes Wasser untermischen.

Pro Portion: 135 kcal, 0 g F, 3 g E, 27 g KH, 0 mg Chol

Tomaten-Sellerie-Karotten-Drink

Für 2 Portionen

- ❖ 100 ml Selleriesaft (frisch gepresst oder aus der Flasche)
- ❖ 150 ml Karottensaft (frisch gepresst oder aus der Flasche)
- ❖ 250 g reife Tomaten, Stücke
- ❖ 1 TL frische Minze, gehackt

Sellerie-, Karottensaft und Tomaten mit dem Mixstab fein pürieren. Drink mit Minze bestreuen.

Pro Portion: 45 kcal, 1 g F, 3 g E, 7 g KH, 0 mg Chol

Salate

Blattsalate mit Gurkendressing

Gurken, Knoblauch, Öl, Zitronensaft, Apfelessig und Kräuter vermischen. Dressing mit Salz und Pfeffer abschmecken. Saft ziehen lassen.

Radicchio, Feldsalat und Zwiebel in eine große Schüssel geben, mit dem Gurkendressing vermischen. Salat portionsweise anrichten.

Wird der Salat als Hauptgericht gegessen, mit den knusprigen Kartoffelwürfeln (siehe unten) bestreuen.
Pro Portion: 92 kcal, 6 g F, 3 g E, 6 g KH, 0 mg Chol

Für 2 Portionen
❖ 200 g Gurke, grob geraspelt
❖ 1 Knoblauchzehe, fein gehackt
❖ 1 EL Öl
❖ 1 EL Zitronensaft
❖ 1 TL Apfelessig
❖ 1 EL frische Kräuter, fein gehackt
❖ Salz
❖ Pfeffer
❖ 1 kleiner Radicchio, mundgerechte Stücke
❖ 100 g Feldsalat
❖ 1/4 rote Zwiebel, fein gehackt

Knusprige Kartoffelwürfel

Öl in einer beschichteten Pfanne erhitzen. Kartoffeln darin unter Rühren goldbraun braten, mit Muskat, Kümmel, Salz und Pfeffer würzen.
Pro Portion: 109 kcal, 3 g F, 3 g E, 18 g KH, 0 mg Chol

Sattmacher zum Drüberstreuen: So wird der Salat zum Hauptgericht
Kartoffelwürfel mit Curry würzen, das schmeckt zum Fenchel-Karotten-Salat mit Ananas (S. 56). Mit Thymian und Oregano gewürzt, passen sie zum Salat aus grünen Bohnen mit Gazpacho-Dressing (S. 48).

Praktische Resteverwertung
Vom Mittagessen sind Kartoffeln übrig? Die werden am nächsten Tag würfelig geschnitten, in einer beschichteten Pfanne kross gebraten und über den Salat gestreut.

Für 2 Portionen
❖ 1 TL Öl
❖ 250 g gekochte Kartoffeln, kleine Würfel
❖ Muskat
❖ 1/4 TL Kümmel, zerstoßen
❖ Salz
❖ Pfeffer

Vinaigrette

Für 4 Portionen

- 250 ml Gemüsebrühe (Gemüsesuppe)
- 1 kleine Zwiebel, fein gehackt
- 1 Stück Bio-Zitronenschale
- 1/4 TL Galgant
- Muskat
- 1 EL Essig
- 1 EL Zitronensaft
- 1 EL Olivenöl
- Pfeffer

Gemüsebrühe mit Zwiebel, Zitronenschale, Galgant und Muskat aufkochen. 15 Minuten zugedeckt köcheln. Essig, Zitronensaft und Olivenöl untermischen, kurz aufkochen und alles mit dem Mixstab fein pürieren. Dressing mit Pfeffer abschmecken, abkühlen lassen.

Pro Portion: 33 kcal, 3 g F, 1 g E, 3 g KH, 0 mg Chol

Praktisch

Im Kühlschrank halten sich Vinaigrette und Tomatendressing 3 bis 4 Tage. Sie passen zu allen Blattsalaten, gemischten Salaten und Rohkost.

Kräuter schmecken immer

Je nach Jahreszeit reichlich frische Kräuter vom Basilikum bis zum Koriander untermischen. Jedoch nur portionsweise und erst kurz vor dem Essen.

Cremiges Tomatendressing

Für 4 Portionen

- 3 Tomaten
- 1/2 TL Oregano
- 1/2 TL Thymian
- 1 EL Sherryessig
- 1 EL Olivenöl
- Salz
- Pfeffer

Backofen auf 180 °C Ober- und Unterhitze (160 °C Heißluft, Gas Stufe 3-4) vorheizen. Tomaten halbieren, Schnittflächen mit Thymian und Oregano bestreuen. Tomaten nebeneinander auf ein kleines Blech setzen (Schnittflächen nach oben) und im vorgeheizten Ofen 20 Minuten garen. Tomaten abkühlen lassen, Haut abziehen, Strunkansätze entfernen. Tomaten in Stücke schneiden. Mit dem Pürierstab aus Tomaten, Essig und Olivenöl ein cremiges Dressing mixen. Tomatendressing mit Salz und Pfeffer abschmecken.

Pro Portion: 42 kcal, 3 g F, 1 g E, 3 g KH, 0 mg Chol

Schmeckt auch zu

gegrillten Zucchini, Auberginen (Melanzani) und Paprika, gedämpftem Blumenkohl (Karfiol), grünen Bohnen (Fisolen); eignet sich auch als Dip für die Riesen-Kartoffelchips (S. 60).

Abwechslung leicht gemacht

Fein gehackten Knoblauch und/oder fein gehackte Kräuter (Basilikum, Minze, Petersilie) unter das Tomatendressing mischen.

Nach Herzenslust zugreifen
Basenfasten-Salat – das Grundrezept

Einmal am Tag steht eine große Schüssel Salat auf dem Programm. Am besten zum Mittagessen, aber wenn es Ihnen bekommt, auch zum frühen Abendessen. Blattsalate und Gemüse haben verschwindend wenig Kalorien, 100 g Karotten gerade einmal 23 kcal, 100 g Blattsalat fällt mit nur 12 kcal überhaupt nicht ins Gewicht. Mit einem fettarmen Dressing kann daher die Salatportion sehr üppig ausfallen.

Lassen Sie sich von der Jahreszeit inspirieren: Im Frühling entzücken die ersten grünen Blättchen, saftige kleine Karotten oder Spargel; im Sommer können wir aus dem Vollen schöpfen, Tomaten, Paprika, Zucchini, Auberginen (Melanzani), Melonen und Pfirsiche; der Herbst verwöhnt mit grünen Bohnen (Fisolen), Kohlrabi, Fenchel, Pilzen und immer noch sonnenreifen Tomaten; im Winter wird Wurzelgemüse fein geraspelt, mit Endivien-, Feldsalat (Vogerlsalat), Radicchio, Sprossen, Äpfeln und Birnen raffiniert kombiniert.

Basenfasten-Salat mit 100 kcal
❖ 100 g Kopfsalat, 100 g Tomate, 100 g Gurke, 40 g Radieschen und 1 Portion Vinaigrette (S. 43)
❖ 100 g Fenchel, 100 g Paprika, 50 g Radicchio, dazu 1 Portion cremiges Tomatendressing (S. 43)
❖ 50 g Feldsalat, 100 g Karotte, 50 g Apfel und 1 Portion Zitrusdressing (siehe unten)

Hauptgericht
Basenfasten-Salat mit 100 kcal, dazu 1 Kartoffelrezept oder 1 Portion Suppe

Salat als Beilage
1/2 Portion Basenfasten-Salat mit 50 kcal

Zitrusdressing

Orangen-, Zitronensaft und Öl verrühren. Dressing mit Salz und Chili abschmecken.
Pro Portion: 54 kcal, 3 g F, 1 g E, 6 g KH, 0 mg Chol

Passt zu
Feldsalat mit Fenchel, fein geraspelter Rohkost aus Karotten, Sellerie und Roter Beete (Roter Rübe), Chicorée und Radicchio.

Für 2 Portionen
❖ Saft von 1 Orange
❖ 1 EL Zitronensaft
❖ 1/2 EL Öl
❖ Salz
❖ Chilipulver

Endivien-Granatapfel-Salat

Endiviensalat, Frühlingswiebeln, Petersilie und Granatapfelkerne in eine Schüssel geben.

Für das Dressing Sojajoghurt, Sojasoße, Öl und Zitronensaft vermischen, mit wenig Salz und Pfeffer abschmecken. Endiviensalat, Petersilie, Frühlingszwiebeln und Granatapfelkerne mit dem Dressing vermischen.

Pro Portion: 100 kcal, 6 g F, 5 g E, 4 g KH, 0 mg Chol

So wird der Salat zum Hauptgericht

Mit den gebratenen Thai-Tofu-Würfeln (S. 57) bestreuen und dazu Ofenkartoffeln (S. 98) essen.

Für 2 Portionen
❖ 1/2 Endiviensalat, feine Streifen
❖ 2 Frühlingszwiebeln, feine Ringe
❖ 1/2 Bund Petersilie, fein gehackt
❖ 1/2 Granatapfel, Kerne ausgelöst

Dressing
❖ 70 g Sojajoghurt natur
❖ 1 TL Sojasoße
❖ 1 EL Öl
❖ Saft von 1/2 Zitrone
❖ Salz
❖ Pfeffer

Karotten-Rote-Beete-Salat mit Mango und Sesam

Rote Beete (Rote Rübe), Karotten, Orangensaft, Zitronensaft, Öl und Zitronenschale vermischen. Salat mit Salz und Chili abschmecken. Mango untermischen.

Chicorée portionsweise anrichten, Salat draufgeben, mit Sesam bestreuen.

Pro Portion: 183 kcal, 5 g F, 4 g E, 30 g KH, 0 mg Chol

Für 2 Portionen
❖ 150 g Rote Beete (Rote Rübe), fein geraspelt
❖ 150 g Karotten, fein geraspelt
❖ Saft von 1 Orange
❖ 1-2 EL Zitronensaft
❖ 1 TL Öl
❖ 1/4 TL Bio-Zitronenschale, fein gehackt
❖ Salz
❖ Chilipulver
❖ 1 kleine Mango, feine Streifen
❖ 1 Chicorée, Blättchen
❖ 1 TL ungeschälter Sesam, geröstet

Feldsalat mit Fenchel und Mandarinen

Für 2 Portionen

Dressing

❖ 1 kleine Karotte, fein gerieben
❖ Saft von 1 Orange
❖ 2 EL Zitronensaft
❖ 1 TL Bio-Orangenschale,
   fein gehackt
❖ 1/2 TL Ingwer, fein gehackt
❖ 1 EL Rapsöl
❖ Salz
❖ Pfeffer

Salat

❖ 100 g Feldsalat
❖ 1 Fenchelknolle, feine Streifen
❖ 2 Mandarinen, halbierte Spalten
❖ 1 Frühlingszwiebel, feine Ringe
❖ 4 EL Alfalfa-Sprossen

Karotten, Orangen-, Zitronensaft, Orangenschale, Ingwer und Öl vermischen. Dressing mit Salz und Pfeffer abschmecken.

Feldsalat, Fenchel, Mandarinen und Frühlingszwiebel mit dem Dressing vermischen. Salat mit Alfalfa-Sprossen bestreuen.
Pro Portion: 153 kcal, 6 g F, 4 g E, 19 g KH, 0 mg Chol

Blattsalate zum Mitnehmen

Damit der Salat knackig bleibt, das Dressing getrennt verpacken und erst kurz vor dem Essen mit dem Salat vermischen.

Avocado-Tomaten-Salat mit Sprossen

Für 2 Portionen

❖ 4 mittlere Tomaten, kleine Stücke
❖ 1/4 Zwiebel, fein gehackt
❖ 1 Knoblauchzehe, fein gehackt
❖ 1-2 EL Zitronensaft
❖ Salz
❖ Pfeffer
❖ 1 reife Avocado, kleine Spalten
❖ 2 EL Basilikum, fein geschnitten
❖ 4 EL Radieschensprossen

Tomaten, Zwiebel, Knoblauch, Zitronensaft, Salz und Pfeffer vermischen, etwas Saft ziehen lassen.

Avocado erst kurz vor dem Essen in kleine Spalten schneiden, mit Tomaten und Basilikum vermischen. Salat mit Radieschensprossen bestreuen.
Pro Portion: 191 kcal, 14 g F, 4 g E, 10 g KH, 0 mg Chol

Prima Mischung, die satt macht

Die Riesenkartoffel-Chips (S. 60) machen aus dem Avocado-Tomaten-Salat ein Hauptgericht.

Grüne Bohnen mit Gazpacho-Dressing

Bohnen zugedeckt in einem Siebeinsatz über Wasserdampf 7 bis 10 Minuten bissfest garen. Die heißen Bohnen mit Zitronensaft vermischen, leicht salzen und pfeffern. Abkühlen lassen.

Für das Dressing Tomaten, Zwiebel, Knoblauch, Petersilie, Minze, Essig und Öl vermischen, mit Salz und Pfeffer abschmecken. Dressing etwas durchziehen lassen, dann mit den Bohnen vermischen.

Pro Portion: 139 kcal, 6 g F, 7 g E, 14 g KH, 0 mg Chol

Für 2 Portionen

* 300 g grüne Bohnen (Fisolen), Stücke
* 2 EL Zitronensaft
* Salz
* Pfeffer

Dressing

* 3 Tomaten, sehr kleine Würfel
* 1/2 Zwiebel, fein gehackt
* 1 Knoblauchzehe, fein gehackt
* 1 Bund Petersilie, fein gehackt
* 6 Blättchen Minze, fein geschnitten
* 1 EL Essig
* 1 EL Olivenöl
* Schwarzer Pfeffer
* Salz

Marinierte Champignons

Backofen auf 180 °C Ober- und Unterhitze (160 °C Heißluft, Gas Stufe 3-4) vorheizen. Die ganzen Champignons und den Knoblauch in eine ofenfeste Form geben, mit Zitronensaft, Olivenöl, Zitronenschale, Thymian und Lorbeer vermischen, mit Salz und Pfeffer würzen. Die Form mit Alufolie gut verschließen und die Champignons im vorgeheizten Ofen 20 Minuten garen. Dabei bildet sich reichlich würziger Pilzsaft. Marinierte Champignons mit Salz und Pfeffer abschmecken und abkühlen lassen. Sie halten sich im Kühlschrank 2 bis 3 Tage.

Wenn Sie die Pilze auf Vorrat zubereiten, die Petersilie erst kurz vor dem Essen und nur portionsweise untermischen.

Pro Portion: 91 kcal, 6 g F, 6 g E, 5 g KH, 0 mg Chol

Für 2 Portionen

* 400 g kleine Champignons
* 2 Knoblauchzehen, feine Scheiben
* Saft von 1/2 Zitrone
* 1 EL Olivenöl
* 1 TL Bio-Zitronenschale, fein gehackt
* 1/4 TL Thymian
* 1 Lorbeerblatt
* Salz
* Pfeffer
* 4 EL Petersilie, fein gehackt

Orientalischer Blumenkohlsalat

Für 2 Portionen

Dressing
- 1 Knoblauchzehe, fein gehackt
- 1 TL Kreuzkümmel (Cumin), gemahlen
- Saft von 1 Zitrone
- 1/2 EL Rotweinessig
- 1/2 TL edelsüßes Paprikapulver
- 2 EL frischer Koriander oder Petersilie, fein gehackt
- 1 EL Olivenöl
- Salz

Salat
- 400 g Blumenkohl (Karfiol), kleine Röschen
- 2 Tomaten, kleine Würfel
- Salz

Für das Dressing Knoblauch, Kreuzkümmel, Zitronensaft, Essig, Paprikapulver, Koriander, Olivenöl und Salz vermischen.

Blumenkohl zugedeckt über Wasserdampf bissfest garen, mit dem Dressing vermischen, mit Salz abschmecken und etwas durchziehen lassen. Kurz vor dem Essen die Tomaten untermischen.

Pro Portion: 136 kcal, 5 g F, 7 g E, 13 g KH, 0 mg Chol

Zucchinisalat mit Oliven und Kapern

Für 2 Portionen
- 400 g Zucchini, 1 cm dicke Längsscheiben
- Saft von 1 Zitrone
- 1 Knoblauchzehe, fein gehackt
- 1 EL Olivenöl
- Salz
- Pfeffer
- 8 schwarze Oliven, kleine Stücke
- 2 TL Kapern, fein gehackt
- 4 EL Basilikum oder Petersilie, fein gehackt

Backofen auf 180 °C Ober- und Unterhitze (160 °C Heißluft, Gas Stufe 3-4) vorheizen. Backblech mit Backpapier belegen. Zucchinischeiben nebeneinander darauflegen, im vorgeheizten Ofen 7 Minuten braten, umdrehen und nochmals 7 Minuten braten. Zucchini in kleine Stücke schneiden.

Zitronensaft, Knoblauch, Olivenöl, Salz und Pfeffer verrühren. Zucchini mit dem Dressing vermischen. Oliven, Kapern und Basilikum unterrühren. Salat etwas durchziehen lassen, mit Zitronensaft, Salz und Pfeffer abschmecken.

Pro Portion: 160 kcal, 11 g F, 4 g E, 11 g KH, 0 mg Chol

So schmeckt der Sommer – Salat mit Melonen

Kopfsalat und Melonen in eine Schüssel geben. Für das Dressing Orangen-, Zitronensaft, Ingwer und Öl verrühren. Petersilie untermischen. Dressing mit wenig Salz und Pfeffer abschmecken.

Kopfsalat, Melonen und Frühlingszwiebeln mit dem Dressing vermischen.
Pro Portion: 141 kcal, 3 g F, 3 g E, 24 g KH, 0 mg Chol

Salat zum Mitnehmen
Damit es zum Mittagessen einen knackigen Salat gibt: Melonenstücke und Frühlingszwiebeln mit dem Dressing vermischen und gut verschlossen in einer Plastikdose oder einem Glas mitnehmen. Der Kopfsalat wird extra verpackt und erst unmittelbar vor dem Essen mit den marinierten Zutaten vermischt.

. . . .

Für 2 Portionen
- 1 kleiner Kopfsalat, mundgerechte Stücke
- 400 g Melone (rot, gelb, grün), Kugeln oder kleine Stücke
- 2 Frühlingszwiebeln, feine Ringe

Dressing
- Saft von 1 Orange
- 1-2 EL Limettensaft
- 1/2 TL frischer Ingwer, fein gehackt
- 1 TL Öl
- 2 EL Petersilie, fein gehackt
- Salz
- Pfeffer

. . . .

Salat mit Orangen und Datteln

Die Haut der Orangen mit einem scharfen Messer abschneiden. Orangenfilets über einer Schüssel zwischen den Trennwänden herausschneiden; dabei den herabtropfenden Saft auffangen. Orangenfilets in Stücke schneiden.

Orangen, aufgefangenen Orangensaft, Datteln, Zimt, Zitronenschale, Zitronensaft und Öl vermischen, etwas durchziehen lassen. Endiviensalat untermischen. Salat mit Salz und Pfeffer abschmecken.
Pro Portion: 171 kcal, 3 g F, 3, g E, 30 g KH, 0 mg Chol

. . . .

Für 2 Portionen
- 2 Orangen
- 3 Datteln (frisch oder getrocknet), kleine Würfel
- Zimt
- Schale von 1/4 Bio-Zitrone, fein gehackt
- 1 EL Zitronensaft
- 1 TL Öl
- 1/2 Endiviensalat, sehr feine Streifen
- Salz
- Pfeffer

. . . .

Brokkolisalat mit gebratenen Paprika

Backofen auf 200 °C Ober- und Unterhitze (180 °C Heißluft, Gas Stufe 4-5) vorheizen. Die ganzen Paprika auf den Rost legen (mittlere Schiene) und im vorgeheizten Ofen 20 Minuten garen, bis die Haut Blasen wirft und sich dunkelbraun verfärbt. Paprikaschoten zugedeckt in einer Schüssel etwas abkühlen lassen. Paprika mit einem spitzen Messer anstechen, den Paprikasaft auffangen. Paprikasaft, Zitronensaft, Olivenöl, Knoblauch, Zwiebel, Salz und Pfeffer zu einem Dressing verrühren. Die Haut der Paprikaschoten abziehen, Stielansatz und Kerne entfernen. Fruchtfleisch in dünne Streifen schneiden, mit dem Dressing vermischen.

Brokkoli zugedeckt einem Siebeinsatz ca. 5 Minuten bissfest dämpfen. Brokkoli mit dem marinierten Paprika vermischen, etwas durchziehen lassen. Salat mit Zitronensaft abschmecken. Mit Petersilie bestreut servieren.

Pro Portion: 155 kcal, 6 g F, 7 g E, 17 g KH, 0 mg Chol

Für 2 Portionen
❖ 2 rote Paprika
❖ 2 EL Zitronensaft
❖ 1 EL Olivenöl
❖ 1 Knoblauchzehe, fein gehackt
❖ 1/2 rote Zwiebel, fein gehackt
❖ Salz
❖ Pfeffer
❖ 250 g Brokkoli, kleine Röschen
❖ 1/2 Bund Petersilie, fein gehackt

Rote-Beete-Salat mit Zitrusdressing

Rote Beete abziehen und grob raspeln.

Für das Dressing Orangen- und Zitronensaft, Sojajoghurt, Sojasoße, Ingwer und Öl mit dem Schneebesen verrühren. Dressing mit Chili abschmecken. Rote Beete mit dem Dressing vermischen. Salat mit Frühlingszwiebeln bestreuen.

Pro Portion: 154 kcal, 6 g F, 5 g E, 18 g KH, 0 mg Chol

Für 2 Portionen
❖ 400 g Rote Beete (Rote Rübe), gekocht
❖ 1 Frühlingszwiebel, feine Ringe

Dressing
❖ Saft von 1 Orange
❖ 1 EL Zitronensaft
❖ 4 EL Sojajoghurt natur
❖ 1 TL Sojasoße
❖ 1/2 TL frischer Ingwer, fein gehackt
❖ 1 EL Öl
❖ Chilipulver

Spinatsalat mit Pilzen

Für 2 Portionen

- 200 g junger Spinat, kleine Blättchen
- 1 EL Olivenöl
- 2 Knoblauchzehen, fein gehackt
- 8 Rosmarinnadeln, gehackt
- 250 g Pilze (Champignons, Austernpilze, Steinpilze), dünne Scheiben
- Salz
- Pfeffer
- 2 EL Zitronensaft
- 1/2 Bund Basilikum, fein geschnitten
- 2 Frühlingszwiebeln, feine Ringe

Spinat in eine große Schüssel geben.

Öl in einer Pfanne erhitzen, Knoblauch und Rosmarin darin unter Rühren kurz anbraten. Pilze dazugeben, unter Rühren 3 Minuten braten, mit Salz und Pfeffer würzen, Zitronensaft untermischen.

Spinat mit den heißen Pilzen, Basilikum und Frühlingszwiebeln vermischen. Spinatsalat mit Zitronensaft abschmecken.
Pro Portion: 105 kcal, 5 g F, 6 g E, 6 g KH, 0 mg Chol

Nur große Spinatblätter?

Kein Problem, auch damit schmeckt der Salat: Dann aber die tropfnassen Spinatblätter mit einer Prise Salz in einen Topf geben, zugedeckt 2 Minuten bei guter Hitze zusammenfallen und in einem Sieb abtropfen lassen. Spinat grob schneiden, mit den gebratenen Pilzen vermischen.

Schnelles Hauptgericht

Knusprige Kartoffelwürfel (S. 42) braten und über den Spinat-Pilz-Salat streuen.

Salat von grünem Spargel mit Tomaten und Kerbeldressing

Das Olivenöl in einer beschichteten Pfanne erhitzen. Erst die halbe Spargelmenge, dann die andere unter Rühren darin braten, leicht salzen.

Spargel mit Zitronensaft und Tomaten vermischen, mit Salz und Pfeffer würzen, mit dem Kerbeldressing anrichten.
Pro Portion: 89 kcal, 5 g F, 3, g E, 7 g KH, 0 mg Chol

Perfekte Begleitung zum Spargelsalat
Kleine, neue Kartoffeln (Heurige) in der Schale gedämpft.

Für 2 Portionen
- 400 g grüner Spargel, längs halbiert, Stücke
- 1 EL Olivenöl
- 2 EL Zitronensaft
- 2 Frühlingszwiebeln, feine Ringe
- Salz
- Pfeffer
- 100 g Cocktailtomaten, halbiert
- Kerbeldressing (Rezept siehe unten)

Cremiges Kerbeldressing

Die Kartoffel fein raspeln. Mit dem Handrührgerät Kartoffel, Gemüsebrühe, Essig, Öl und Senf zu einem glatten Dressing rühren. Dressing mit Salz und Pfeffer abschmecken. Kerbel untermischen.

Kräuter-Varianten
Dieses vielseitig einsetzbare Dressing lässt sich auch mit Petersilie, Basilikum, Minze und Dill zubereiten. Schmeckt zu gedämpftem Blumenkohl (Karfiol), zu gebratenen Zucchini, gegrillten Auberginen (Melanzani) und auch zu Champignons aus dem Ofen.

- 1 kleine, gekochte Kartoffel (ca. 70 g)
- 6-8 EL kalte Gemüsebrühe (Gemüsesuppe)
- 1 EL Sherryessig
- 1 EL Zitronensaft
- 1 EL Öl
- 1 TL Senf
- Salz
- Pfeffer
- 1 Bund Kerbel, fein geschnitten

Spargelsalat mit Erdbeeren und Basilikum

Die trockenen Enden vom Spargel abschneiden, Spargel gründlich schälen. 400 ml Salzwasser zum Kochen bringen, Spargel darin in ca. 10 Minuten weich mit Biss kochen. Spargel abgießen, Kochflüssigkeit auffangen, 200 ml abmessen.

Olivenöl, Zitronenschale und Zitronensaft mit dem Schneebesen unter die Kochflüssigkeit rühren. Weißen Spargel mit dem Dressing vermischen und darin abkühlen lassen. Basilikum untermischen. Spargelsalat portionsweise anrichten, mit den Erdbeeren bestreuen.

Pro Portion: 120 kcal, 6 g F, 5 g E, 11g KH, 0 mg Chol

Für 2 Portionen
- 400 g weißer Spargel
- Salz
- 1 EL Olivenöl
- Schale von 1/4 Bio-Zitrone, fein gehackt
- 3 EL Zitronensaft
- Salz
- Pfeffer
- 1/2 Bund Basilikum, fein geschnitten
- 100 g Erdbeeren, Stücke

Fenchel-Karotten-Salat mit Ananas

Öl in einer beschichteten Pfanne erhitzen. Zwiebel darin bei milder Hitze zuerst weich dünsten, dann unter Rühren goldgelb braten. Fenchel, Karotten und Ingwer dazugeben, unter Rühren kurz braten. Mit Gemüsebrühe aufgießen, Rosinen dazugeben, mit Salz und Chili würzen. Zugedeckt ca. 12 Minuten schmoren, bis Fenchel und Karotten weich sind, aber noch Biss haben.

Zitronensaft, Orangensaft, Orangenschale und Ananas unterrühren. Salat abkühlen lassen, mit Koriander bestreut servieren.

Pro Portion: 176 kcal, 6 g F, 4 g E, 4 g KH, 0 mg Chol

Kein frischer Ingwer und keine Bio-Orangenschale?
Kein Problem. Dann gilt: Rezept je nach Inhalt des Kühlschranks und Gewürzregals variieren.

Für 2 Portionen
- 1 EL Öl
- 1/2 Zwiebel, fein gehackt
- 1 Fenchelknolle, feine Spalten
- 200 g Karotten, dünne Scheiben
- 1 TL frischer Ingwer, fein gehackt
- 4 EL Gemüsebrühe (Gemüsesuppe)
- 2 TL Rosinen
- Salz
- Chilipulver
- 1 EL Zitronensaft
- Saft von 1 Orange
- 1 TL Bio-Orangenschale, fein gehackt
- 100 g Ananas, kleine Stücke
- 2 EL frischer Koriander oder Petersilie, gehackt

Sprossen-Petersilien-Radicchio-Salat

Für 2 Portionen
- 1/2 Bund Petersilie
- 1 EL Öl
- 1 TL frischer Ingwer, fein gehackt
- 100 g Mungsprossen („Sojasprossen")
- Salz
- 1 EL Sojasoße
- 1 EL weißer Balsamicoessig
- 1 EL Zitronensaft
- 1/2 Bund Rucola
- 1 kleiner Radicchio, feine Streifen
- 2 Frühlingszwiebeln, feine Ringe
- 1 kleine Karotte, grob geraspelt
- Pfeffer

Petersilienblättchen abzupfen.

Öl in einer Pfanne oder im Wok erhitzen. Ingwer darin kurz anbraten. Sprossen dazugeben, leicht salzen, unter Rühren 1 Minute braten. Mit Sojasoße ablöschen, unter Rühren kurz braten, Essig und Zitronensaft untermischen.

Sprossen, Petersilie, Rucola, Radicchio, Frühlingszwiebeln und Karotte vermischen. Salat mit Salz und Pfeffer abschmecken.
Pro Portion: 106 kcal, 6 g F, 5 g E, 8 g KH, 0 mg Chol

Als Hauptgericht
den Salat mit gebratenen Thai-Tofu-Würfeln (siehe unten) bestreuen, Ofenkartoffeln (S. 98) dazu essen.

Gebratener Thai-Tofu – einer für vieles

Für 2 Portionen
- 150 g Tofu, kleine Würfel
- 2 EL Kokosmilch
- 1 EL Sojasoße
- 1 Knoblauchzehe, fein gehackt
- 1/2 TL frischer Ingwer, fein gehackt
- 1/4 TL Currypulver

Tofu in eine kleine Schüssel geben. Kokosmilch, Sojasoße, Knoblauch, Ingwer und Curry verrühren. Tofu mit der Marinade vermischen, 1 Stunde im Kühlschrank durchziehen lassen.

Eine beschichtete Pfanne erhitzen. Tofu mit der Marinade in die Pfanne geben, unter Rühren braten, bis die gesamte Flüssigkeit verdampft ist.
Pro Portion: 117 kcal, 8 g F, 11 g E, 4 g KH, 0 mg Chol

Praktisches kleines Rezept
Der würzige Tofu passt zum Fenchel-Karotten-Salat mit Ananas (S. 56) , zum Rote-Beete-Salat mit Zitrusdressing (S. 52), zu grünen Bohnen mit gegrillten roten Paprika (S. 106) und zum Kohlrabi-Karotten-Gemüse (S. 86).

Kartoffelsalat mit Radieschen-Schnittlauch-Salsa

Kartoffeln in der Schale weich dämpfen, abziehen und in dünne Scheiben schneiden. Gemüsebrühe mit Muskat und Liebstöckel aufkochen.

Die noch warmen Kartoffeln mit Zwiebel, Essig, Öl und der heißen Gemüsebrühe vermischen. Salat mit Salz und Pfeffer abschmecken und durchziehen lassen.

Für die Salsa die Radieschen, Schnittlauch, Essig und Salz vermischen. Kurz durchziehen lassen. Kartoffelsalat portionsweise anrichten, Radieschen-Salsa darauf verteilen.
Pro Portion: 209 kcal, 5 g F, 5 g E, 33 g KH, 0 mg Chol

Für 2 Portionen
Salat
- 400 g festkochende Kartoffeln
- 100 Gemüsebrühe (Gemüsesuppe)
- Muskat
- 1/2 TL Liebstöckel
- 1/2 rote Zwiebel, fein gehackt
- 1-2 EL Apfelessig
- 1 EL Rapsöl
- Salz
- Pfeffer

Salsa
- 150 g Radieschen, kleine Würfel
- 2 EL Schnittlauchröllchen
- 1 TL Essig
- Salz

Marinierter, gebratener Räuchertofu

Sojasoße, Senf und Thymian verrühren. Räuchertofu damit vermischen, kurz marinieren lassen. Das Öl in einer beschichteten Pfanne erhitzen. Räuchertofu darin unter Rühren kurz braten. Die würzigen Räuchertofuwürfel über den Kartoffelsalat streuen.
Pro Portion: 112 kcal, 8 g F, 9 g E, 1 g KH, 0 mg Chol

Salat zum Mitnehmen
Kartoffelsalat, Radieschen-Schnittlauch-Salsa und Räuchertofu getrennt verpacken.

Für 2 Portionen
- 1 EL Sojasoße
- 2 TL Dijonsenf
- 1/4 TL Thymian
- 150 g Räuchertofu, kleine Würfel
- 2 TL Öl

Riesen-Kartoffelchips

Kartoffeln gut abbürsten, in 1 cm dicke Scheiben schneiden. Backofen auf 200 °C Ober- und Unterhitze (180 °C Heißluft, Gas Stufe 4-5) vorheizen. Backblech mit Backpapier belegen.

Kartoffelscheiben nebeneinander auf das Blech legen, im vorgeheizten Ofen insgesamt ca. 20 Minuten backen. Nach 10 Minuten einmal umdrehen.
Pro Portion: 142 kcal, 0 g F, 4 g E, 30 g KH, 0 mg Chol

Für 2 Portionen
❖ 400 g große, festkochende Bio-Kartoffeln
❖ Kümmel

Getrocknete Karottenstreifen – aromatisch und knackig

Backofen auf 120 °C Ober- und Unterhitze (100 °C Heißluft, Gas Stufe 2-3) vorheizen. Bei Heißluft gelingt das Trocknen am besten. Karotten mit der Brotschneidemaschine in 2 mm dünne Längsscheiben schneiden. Karotten in einen großen Gefrierbeutel geben, leicht salzen und gut durchschütteln. Öl in den Gefrierbeutel geben und gut durchschütteln. Es ist erstaunlich, wie diese winzige Ölmenge einen gleichmäßigen Film über den Karotten bildet. Karotten auf einem großen Backblech verteilen und im vorgeheizten Ofen ca. 1 Stunde trocknen; dabei ab und zum umdrehen. Karottenstreifen auf Küchenkrepp ausbreiten, abkühlen und etwas nachtrocknen lassen.
Pro Portion: 108 kcal, 5 g F, 2 g E, 12 g KH, 0 mg Chol

Ideal zum Mitnehmen
Die getrockneten Karottenstreifen machen satt, passen gut zu Salaten und Suppen und halten sich im Kühlschrank 3 bis 4 Tage. Darum am besten gleich eine größere Menge zubereiten. Die Produktion der Karottenstreifen hört sich aufwendig an, ist es aber nicht. Das Schneiden dauert nur wenige Minuten und sind die Karotten im Ofen, müssen sie nur noch 3- bis 4-mal gewendet werden.

Für 1 Portionen
❖ 150 g große Karotten
❖ Salz
❖ 1 TL Öl

Kartoffel-Dip mit Gemüsesticks

Für 2 Portionen

Creme

- ❖ 400 g mehlige Kartoffeln
- ❖ 2 Knoblauchzehen, fein gehackt
- ❖ Saft von 1 Zitrone
- ❖ 1 EL Olivenöl
- ❖ 3 EL kalte Gemüsebrühe (Gemüsesuppe)
- ❖ 3 EL Petersilie, fein gehackt
- ❖ 2 TL Minze, fein gehackt
- ❖ Salz
- ❖ Pfeffer

Sticks

- ❖ 400 g Gemüse (Karotten, Paprika, Kohlrabi, Gurke, Fenchel), dünne Streifen

Kartoffeln in der Schale weich dämpfen, abziehen und warm durch die Kartoffelpresse drücken. Kartoffeln, Knoblauch, Zitronensaft, Olivenöl und Gemüsebrühe vermischen. Petersilie und Minze unterrühren. Kartoffel-Dip mit Salz und Pfeffer abschmecken.

Gemüsesticks zum Dip reichen.
Pro Portion: 269 kcal, 6 g F, 8 g E, 43 g KH, 0 mg Chol

Kartoffel- oder Auberginen-Dip passt zu
Riesen-Kartoffelchips (S. 60), Folien- und Ofenkartoffeln, Karottenchips und Gemüsesticks.

Auberginen-Dip mit Sesam

Für 2 Portionen

- ❖ 1 große Aubergine (Melanzani), ca. 500 g
- ❖ 2-3 EL Zitronensaft
- ❖ 1 TL Sesammus (Tahini)
- ❖ 1 EL Olivenöl
- ❖ 1 Knoblauchzehe, fein gehackt
- ❖ Salz
- ❖ Pfeffer

Den Backofen auf 200 °C Ober- und Unterhitze (180 °C Heißluft , Gas Stufe 4-5) vorheizen. Die ganze Aubergine mit der Gabel rundum ca. sechs Mal einstechen und im vorgeheizten Ofen auf dem Rost 50 bis 60 Minuten braten. Dabei verfärbt sich die Schale schwarzbraun. Die Aubergine soll ganz weich sein.

Aubergine etwas abkühlen lassen, längs halbieren. Die Flüssigkeit, die sich im Inneren angesammelt hat, abgießen. Fruchtfleisch mit einem Löffel aus der Schale lösen, in kleine Stücke schneiden. Aubergine, Zitronensaft, Sesammus und Olivenöl mit dem Mixstab zu einer glatten Creme pürieren. Knoblauch untermischen. Auberginen-Dip mit Salz und Pfeffer abschmecken.
Pro Portion: 131 kcal, 7 g F, 5, g E, 13 g KH, 0 mg Chol

Suppen

Kalte Kräutercremesuppe

Gemüsebrühe zum Kochen bringen. Kartoffeln, Lauch und Öl dazugeben, mit Zitronenschale und Muskat würzen und zugedeckt 10 Minuten köcheln.

Suppe mit dem Mixstab fein pürieren, abkühlen lassen und kalt stellen. Suppe mit Petersilie und Basilikum fein pürieren, mit Zitronensaft, Salz und Pfeffer abschmecken.
Pro Portion: 105 kcal, 3 g F, 4 g E, 15 g KH, 0 mg Chol

Kräuter gehören zu den stärksten Basenbildnern

Frische Kräuter bundweise in Suppen, Dressings und Soßen mixen. Reichlich gehackte Kräuter über Suppen und Salate streuen.

Für 4 Portionen

- 1 l Gemüsebrühe (Gemüsesuppe)
- 300 g mehlige Kartoffeln, kleine Würfel
- 300 g Lauch, feine Streifen
- 1 EL Öl
- 1 Stück Bio-Zitronenschale
- Muskat
- 1/2 Bund Petersilie, gehackt
- 1/2 Bund Basilikum, gehackt
- 1 EL Zitronensaft
- Salz
- Pfeffer

Kalte Karotten-Orangen-Kokos-Suppe

Gemüsebrühe mit Zwiebel und Muskat zum Kochen bringen, zugedeckt 15 Minuten köcheln. Die Zwiebel soll gut weich sein.

Karotten, Kokosmilch, Zitronenschale und Ingwer dazugeben, mit Chili würzen. Suppe ca. 10 Minuten köcheln, bis die Karotten weich sind.

Die Suppe abkühlen lassen und kalt stellen. Die kalte Suppe mit dem Mixstab zusammen mit dem Orangen- und Limettensaft fein pürieren, mit Chili abschmecken, mit Koriander bestreuen.
Pro Portion: 115 kcal, 5 g F, 3 g E, 14 g KH, 0 mg Chol

Für 4 Portionen

- 800 ml Gemüsebrühe (Gemüsesuppe)
- 1 Zwiebel, fein gehackt
- Muskat
- 500 g Karotten, dünne Scheiben
- 100 ml ungesüßte Kokosmilch
- 1 Stück Bio-Zitronenschale
- 1 TL frischer Ingwer, fein gehackt
- Chilipulver
- Saft von 2 Orangen
- 1 EL Limettensaft
- 2 EL frischer Koriander oder Petersilie, fein gehackt

Kalte Avocado-Suppe

Für 2 Portionen

- 700 ml Gemüsebrühe (Gemüsesuppe)
- 200 g mehlige Kartoffeln, kleine Stücke
- 5 Frühlingszwiebeln, feine Ringe
- 1 Stück Bio-Zitronenschale
- Chilipulver
- 1 weiche Avocado
- 2 EL Zitronensaft
- 2 EL frischer Koriander oder Petersilie, fein geschnitten

Gemüsebrühe zum Kochen bringen. Kartoffeln und Frühlingszwiebeln dazugeben, mit Zitronenschale und Chili würzen. Kartoffeln ca. 12 Minuten weich kochen. Suppe mit dem Mixstab fein pürieren und kalt stellen.

Erst kurz vor dem Essen das Avocadofleisch in Stücke schneiden. Kalte Suppe, Avocado und Zitronensaft mit dem Mixstab fein pürieren. Suppe mit Chili abschmecken, mit Koriander bestreuen.

Pro Portion: 133 kcal, 9 g F, 2 g E, 11 g KH, 0 mg Chol

Kalte Suppen für heiße Tage

Wenn das Thermometer auf Rekordhöhe klettert, erfrischen kalte Suppen!

Kalte Rote-Beete-Suppe

Für 4 Portionen

- 2 EL Öl
- 1 Zwiebel, fein gehackt
- Muskat
- 1/2 TL Koriander, gemahlen
- 600 ml Gemüsebrühe (Gemüsesuppe)
- 300 g mehlige Kartoffeln, kleine Würfel
- 1 TL Liebstöckel
- 1/2 TL Galgant
- 1 Stück Bio-Zitronenschale
- 300 ml milchsauer vergorener Rote-Beete-(Rote-Rüben-)Saft
- 1-2 EL Zitronensaft
- 2 EL Petersilie oder Dill, fein gehackt

Öl in einem Topf erhitzen. Zwiebeln darin weich und glasig dünsten. Muskat und Koriander dazugeben, alles unter Rühren anrösten.

Mit Gemüsebrühe aufgießen, Kartoffeln, Liebstöckel, Galgant und Zitronenschale dazugeben. Suppe zugedeckt 12 Minuten köcheln und mit dem Mixstab fein pürieren.

Suppe abkühlen lassen, kalt stellen. Rote-Beete-Saft und Zitronensaft unterrühren. Suppe mit Salz und Pfeffer abschmecken, mit Petersilie bestreuen.

Pro Portion: 135 kcal, 5 g F, 3 g E, 18 g KH, 0 mg Chol

Kohlrabi-Petersilien-Suppe

Petersilienblättchen abzupfen. Petersilienstiele sehr fein hacken. Petersilienblättchen hacken.

Öl in einem beschichteten Topf erhitzen, Zwiebeln darin weich und glasig dünsten, Knoblauch dazugeben, unter Rühren kurz anrösten. Kartoffeln, Kohlrabi und Petersilienstiele untermischen, unter Rühren kurz anbraten. Mit Gemüsebrühe aufgießen, mit Lorbeer, Liebstöckel und Zitronenschale würzen. Suppe zugedeckt 15 Minuten köcheln.

Mit dem Mixstab Suppe und Petersilienblättchen fein pürieren. Mit Zitronensaft abschmecken.

Pro Portion: 119 kcal, 5 g F, 4 g E, 13 g KH, 0 mg Chol

Stängel und Blatt – alles drin

Petersilie gehört zu den stärksten Basenbildnern, darum darf es davon immer ein bisschen mehr sein! In den harten Stängeln steckt viel Aroma, für diese Suppe werden sie klein gehackt und weich gekocht. Die Blättchen werden erst zum Schluss in die fertige Suppe gemixt. Das erhält sowohl die strahlende Farbe als auch das Vitamin C, einen starken Fatburner.

Für 4 Portionen

- 100 g Petersilie
- 2 EL Öl
- 1 Zwiebel, fein gehackt
- 3 Knoblauchzehen, fein gehackt
- 100 g mehlige Kartoffeln, kleine Stücke
- 400 g Kohlrabi, kleine Stücke
- 1,2 l Gemüsebrühe (Gemüsesuppe)
- 1 Lorbeerblatt
- 1 TL Liebstöckel
- 1 Stück Bio-Zitronenschale
- 1-2 EL Zitronensaft

Kartoffel-Croûtons

Backofen auf 200 °C Ober- und Unterhitze (180 °C Heißluft, Gas Stufe 4-5) vorheizen. Kartoffeln, Öl und Salz vermischen. Kartoffeln auf einem kleinen Blech verteilen und im vorgeheizten Ofen 20 Minuten rösten, dabei immer wieder umdrehen.

Pro Portion: 55 kcal, 1 g F, 1 g E, 9 g KH, 0 mg Chol

Schmecken immer

Die goldgelben Kartoffel-Croûtons bringen herzhaften Knuspergeschmack in jede Cremesuppe und machen aus ihr ein Hauptgericht.

Für 4 Portionen

- 200 g festkochende Kartoffeln, sehr kleine Würfel
- 1 TL Öl
- Salz

Paprikacremesuppe mit Pinienkernen

Öl in einem Topf erhitzen. Zwiebel darin zuerst weich und glasig dünsten, dann unter Rühren goldgelb braten. Paprika, Kartoffeln, Muskat und Piment dazugeben, leicht salzen, unter Rühren kurz anbraten.

Mit Gemüsebrühe aufgießen, mit Lorbeerblatt, Paprikapulver und Chili würzen. Suppe zugedeckt 15 Minuten köcheln. Lorbeerblatt aus der Suppe fischen. Suppe mit dem Mixstab fein pürieren. Suppe mit Pinienkernen und Basilikum bestreut servieren.

Pro Portion: 124 kcal, 4 g F, 5 g E, 18 g KH, 0 mg Chol

Für 4 Portionen
- 1 EL Öl
- 1 Zwiebel, fein gehackt
- 2 große rote Paprika, Stücke
- 200 g mehlige Kartoffeln, Stücke
- Muskat, Piment
- 1,2 l Gemüsebrühe (Gemüsesuppe)
- 1 Lorbeerblatt
- 1/2 TL edelsüßes Paprikapulver
- Chilipulver
- 2 EL geröstete Pinienkerne, gehackt
- 2 EL Basilikum, fein geschnitten

Zucchinisuppe mit Pilzen

In einem beschichteten Topf 1/2 EL Öl erhitzen. Zwiebel darin bei milder Hitze weich und glasig dünsten. Gemüsebrühe, Kartoffeln, Petersilienwurzel, Muskat, Ysop und Galgant dazugeben. Suppe zugedeckt 10 Minuten köcheln.

Zucchini und die Hälfte der Petersilie dazugeben, 3 Minuten köcheln. Suppe vom Herd nehmen. Die Suppe mit der restlichen Petersilie, Sojasahne und Zitronensaft mit dem Mixstab fein pürieren.

1/2 EL Öl in einer beschichteten Pfanne erhitzen. Pilze darin unter Rühren 3 Minuten bei starker Hitze braten, leicht salzen, mit Pfeffer würzen. Suppe portionsweise mit den Pilzen anrichten.

Pro Portion: 94 kcal, 5 g F, 5 g E, 8 g KH, 0 mg Chol

Für 4 Portionen
- 1 EL Öl
- 1 Zwiebel, fein gehackt
- 1 l Gemüsebrühe (Gemüsesuppe)
- 50 g mehlige Kartoffeln, kleine Stücke
- 1 kleine Petersilienwurzel, dünne Scheiben
- Muskat
- 1/4 TL Ysop
- 1/2 TL Galgant
- 500 g Zucchini, dünne Scheiben
- 1 Bund Petersilie, grob gehackt
- Salz, Pfeffer
- 2 EL Sojasahne
- 1 EL Zitronensaft
- 200 g Pilze (Pfifferlinge/Eierschwammerl, Champignons), Stücke

Frühlingszwiebel-Kartoffel-Suppe – schneller geht's nicht

Für 4 Portionen

- ❖ 1,2 l Gemüsebrühe (Gemüsesuppe)
- ❖ 400 g mehlige Kartoffeln, Stücke
- ❖ 8 Frühlingszwiebeln, Ringe
- ❖ 1/4 TL Galgant
- ❖ 1/2 TL Liebstöckel
- ❖ 1 TL frischer Ingwer, fein gehackt
- ❖ 1 Stück Bio-Zitronenschale
- ❖ 3 EL Sojasahne
- ❖ 4 EL Petersilie, fein gehackt

Im Schnellkochtopf die Gemüsebrühe mit Kartoffeln, Frühlingszwiebeln, Galgant, Liebstöckel, Ingwer und Zitronenschale zum Kochen bringen. Schnellkochtopf verschließen. Die Suppe unter Druck 2 Minuten kochen. Topf abkühlen lassen, öffnen. (Im normalen Kochtopf zugedeckt 12 Minuten köcheln.)

Gemüsesuppe mit der Sojasahne fein pürieren, mit Petersilie bestreuen.

Pro Portion: 116 kcal, 3 g F, 3 g E, 20 g KH, 0 mg Chol

Suppentopf mit Sekundengemüse

Für 4 Portionen

- ❖ 1,2 l Gemüsebrühe (Gemüsesuppe)
- ❖ 1 EL Öl
- ❖ Muskat
- ❖ 1/2 TL Liebstöckel
- ❖ 150 g Kartoffeln, grob geraspelt
- ❖ 150 g Karotten, grob geraspelt
- ❖ 150 g Kohlrabi, grob geraspelt
- ❖ 50 g Sellerie, grob geraspelt
- ❖ 50 g Petersilienwurzel, fein geraspelt
- ❖ 4 Frühlingszwiebeln, sehr feine Ringe
- ❖ 4 EL Petersilie, fein gehackt

Gemüsebrühe mit Öl, Muskat und Liebstöckel zum Kochen bringen. Kartoffeln untermischen, 2 Minuten köcheln. Karotten, Kohlrabi, Sellerie, Petersilienwurzel und Frühlingszwiebeln untermischen. Nur 30 Sekunden köcheln. Gemüsetopf sofort vom Herd nehmen, die Petersilie untermischen.

Pro Portion: 86 kcal, 3 g F, 3 g E, 12 g KH, 0 mg Chol

Aroma pur

Stark zerkleinertes Wurzelgemüse und extrem kurze Garzeit bringen optimalen Geschmack in die Suppe.

Ideal zur Resteverwertung

Sehr klein geschnitten, grob gehackt oder geraspelt: Sie können diese Suppe auch mit Blumenkohl (Karfiol), Brokkoli, Zucchini, Fenchel, grünen Bohnen (Fisolen), Kürbis oder Roter Beete (Roter Rübe) zubereiten. Ein prima Rezept, um verschiedene kleine Gemüsereste am letzten Tag des Basenfastens in eine köstliche Suppe zu verwandeln.

Karotten-Rote-Beete-Suppe mit Zitronengras

Öl in einem beschichteten Topf erhitzen. Zwiebel darin bei milder Hitze zuerst weich dünsten, dann unter Rühren goldbraun braten. Knoblauch, Koriander und Muskat dazugeben, kurz anrösten.

Kartoffeln, Rote Beete und Karotten untermischen. Leicht salzen, unter Rühren kurz anbraten. Mit Gemüsebrühe aufgießen, mit Lorbeer, Zitronenschale und Zitronengras würzen. Suppe zugedeckt 15 Minuten köcheln, bis das Wurzelgemüse weich ist, aber noch Biss hat.

Lorbeer und Zitronengras aus der Suppe fischen. Zitronensaft unter die Suppe rühren. Suppe mit dem Mixstab fein pürieren, mit wenig Salz und Pfeffer abschmecken und mit Petersilie bestreuen. Wenn Sie Appetit auf besonders viel Farbe haben, die Suppe mit den orangen Kringeln (siehe unten) garnieren.

Pro Portion: 74 kcal, 1 g F, 3 g E, 14 g KH, 0 mg Chol

Für 4 Portionen
- 1 EL Öl
- 1 Zwiebel, fein gehackt
- 2 Knoblauchzehen, gehackt
- 1/2 TL Koriander, gemahlen
- Muskat
- 50 g mehlige Kartoffeln, kleine Stücke
- 200 Rote Beete (Rote Rübe), kleine Stücke
- 300 g Karotten, kleine Stücke
- Salz
- 1,2 l Gemüsebrühe (Gemüsesuppe)
- 1 Lorbeerblatt
- Schale von 1/4 Bio-Zitrone
- 1 Stängel Zitronengras, längs halbiert
- 1-2 EL Zitronensaft
- Pfeffer
- 4 EL Petersilie oder Koriander, fein gehackt

Orange Kringel

Gemüsebrühe mit Karotten, Öl, Ingwer und Zitronenschale zum Kochen bringen. Zugedeckt ca. 12 Minuten köcheln, bis die Karotten weich sind. Karotten, Garflüssigkeit und Zitronensaft fein pürieren.

Pro Portion: 24 kcal, 1 g F, 0 g E, 2 g KH, 0 mg Chol

Für 4 Portionen
- 100 ml Gemüsebrühe
- 150 g Karotten, Scheiben
- 1 TL Öl
- 1 kleines Stück Bio-Zitronenschale
- 1/2 TL frischer Ingwer, gehackt
- 2 TL Zitronensaft

Lauch-Topinambur-Suppe

Gemüsebrühe mit Muskat, Ingwer und Fenchel zum Kochen bringen. Kartoffeln und Topinambur dazugeben, zudeckt 8 Minuten köcheln. Lauch dazugeben, 5 Minuten köcheln. Das Gemüse soll weich sein, darf aber nicht zerfallen.

Die Suppe und die Sojasahne mit dem Mixstab fein pürieren, Suppe mit Salz und Pfeffer abschmecken, mit Petersilie bestreut servieren.

Pro Portion: 90 kcal, 2 g F, 6 g E, 11 g KH, 0 mg Chol

Für 4 Portionen
- 1,2 l Gemüsebrühe (Gemüsesuppe)
- Muskat
- 1/2 TL frischer Ingwer, gehackt
- 1/4 TL Fenchelsamen
- 100 g Kartoffeln, kleine Stücke
- 300 g Topinambur, kleine Stücke
- 300 g Lauch, längs halbiert, 1 cm breite Streifen
- 4 EL Sojasahne
- Salz
- Pfeffer
- 4 EL Petersilie, fein gehackt

Brokkoli-Pastinaken-Suppe

Gemüsebrühe mit Kartoffeln, Pastinaken, Öl, Knoblauch und Zitronenschale zum Kochen bringen. Zugedeckt 12 Minuten leicht kochen. Brokkoli, Frühlingszwiebeln und Thymian untermischen, 5 Minuten leicht kochen. Die Brokkoli-Röschen sollen weich, aber mit Biss sein. Petersilie und Zitronensaft untermischen. Suppe mit dem Mixstab fein pürieren.

Pro Portion: 82 kcal, 3 g F, 4 g E, 9 g KH, 0 mg Chol

Für 4 Portionen
- 1,2 l Gemüsebrühe (Gemüsesuppe)
- 50 g mehlige Kartoffeln, kleine Stücke
- 250 g Pastinaken, kleine Stücke
- 1 EL Öl
- 2 Knoblauchzehen, gehackt
- Schale von 1/4 Bio-Zitrone
- 300 g Brokkoli, kleine Röschen
- 4 Frühlingszwiebeln, feine Ringe
- 1/4 TL Thymian
- 1 EL Zitronensaft
- 1/2 Bund Petersilie, fein gehackt

Blumenkohlsuppe mit Curry

Für 4 Portionen

- 1 EL Öl
- 1 Zwiebel, fein gehackt
- 2 Knoblauchzehen, fein gehackt
- 1 1/2 TL Currypulver
- 1, 2 l Gemüsebrühe (Gemüsesuppe)
- 1 Stück Bio-Zitronenschale
- 1 TL frischer Ingwer, fein gehackt
- 400 g Kartoffeln, kleine Würfel
- 500 g Blumenkohl (Karfiol), sehr kleine Röschen
- 1 EL Zitronensaft
- Salz
- 3 EL Petersilie, fein gehackt
- 3 EL Koriander, fein gehackt
- 8 Blättchen Minze, fein geschnitten

Das Öl in einem beschichteten Topf erhitzen. Zwiebel darin weich und glasig dünsten. Knoblauch und Curry dazugeben, unter Rühren kurz anrösten. Mit der Gemüsebrühe aufgießen, mit Zitronenschale und Ingwer würzen.

Gemüsebrühe zum Kochen bringen. Kartoffeln dazugeben, Suppe 7 Minuten zugedeckt köcheln.

Blumenkohl unterrühren, zugedeckt 5 bis 8 Minuten leicht kochen. Die Blumenkohlröschen sollen weich sein, dürfen aber nicht zerfallen. Suppe mit Zitronensaft und wenig Salz abschmecken, vom Ofen nehmen, Petersilie, Koriander und Minze unterrühren.

Pro Portion: 106 kcal, 3 g F, 4 g E, 14 g KH, 0 mg Chol

Asien trifft Europa in der Suppenschüssel

Noch mehr Abwechslung! Rühren Sie ein Rezept Tomaten-Basilikum-Dip (S. 82) in die fertige Blumenkohlsuppe. Das passt sowohl optisch als auch geschmacklich.

Tomaten-Süßkartoffel-Suppe

Für 4 Portionen

- 1 EL Öl
- 1 Zwiebel, fein gehackt
- Muskat
- 2 Pimentkörner, zerstoßen
- 300 g Süßkartoffeln, dünne Scheiben
- 700 ml Gemüsebrühe (Gemüsesuppe)
- 1/4 TL Thymian
- Schale von 1/4 Bio-Zitrone
- 600 g Tomaten, abgezogen, Stücke
- 4 EL Petersilie, fein gehackt

Öl in einem Topf mit beschichtetem Boden erhitzen. Zwiebel darin weich und glasig dünsten. Muskat und Piment dazugeben, unter Rühren kurz anrösten. Süßkartoffeln untermischen, leicht salzen, unter Rühren anbraten.

Mit Gemüsebrühe aufgießen, mit Thymian und Zitronenschale würzen. Suppe zugedeckt ca. 10 Minuten köcheln, bis die Süßkartoffeln fast weich sind. Tomaten untermischen. Suppe 10 Minuten köcheln, dann mit dem Mixstab fein pürieren. Suppe mit Petersilie bestreuen.

Pro Portion: 141 kcal, 3 g F, 3 g E, 24 g KH, 0 mg Chol

Kürbissuppe mit Quitte und Kokosmilch

Gemüsebrühe mit Zwiebel und Knoblauch zum Kochen bringen. Zugedeckt 10 Minuten köcheln.

Kürbis, Quitte, Apfel, Ingwer, Zitronenschale, Zimt und Chili dazugeben. Suppe 15 Minuten zugedeckt köcheln. Die Kürbis-, Quitten- und Apfelstückchen sollen weich sein. Kokosmilch unterrühren, 2 Minuten köcheln.

Suppe mit dem Mixstab fein pürieren, mit Zitronensaft abschmecken, mit Koriander und Kokosspänen bestreut servieren.

Pro Portion: 125 kcal, 7 g F, 4 g E, 12 g KH, 0 mg Chol

Meine Lieblingskürbissuppe

Ja, Quitten gibt es nur eine kurze Zeit im Jahr und sie sind auch nicht überall erhältlich. Trotzdem wollte ich Ihnen dieses Rezept nicht vorenthalten. Der feine blumige Quittengeschmack harmoniert so wunderbar mit dem Kürbis und schon die Zubereitung, das Schälen und Schneiden der duftenden Frucht, ist ein Genuss. Aber diese Suppe schmeckt auch mit zwei Äpfeln oder einem Apfel und einer Birne ganz hervorragend.

Für 4 Portionen

* 600 ml Gemüsebrühe (Gemüsesuppe)
* 1 kleine Zwiebel, fein gehackt
* 1 Knoblauchzehe, fein gehackt
* 600 g Kürbis (Muskat, Hokkaido, Butternuss), Stücke
* 1 kleine Quitte, dünne Scheiben
* 1 saftiger Apfel, kleine Stücke
* 1 TL frischer Ingwer, gehackt
* 1 Stück Bio-Zitronenschale
* 1/2 TL Zimt
* Chilipulver
* 150 ml Kokosmilch
* 1-2 EL Zitronensaft

Garnitur

* 2 EL Koriander oder Petersilie, fein gehackt
* 1 EL frische Kokosnuss, feine Späne

Kräftige Gemüsebouillon

Sellerie mit dem Entsafter zu Saft verarbeiten. (Sie brauchen ca. 300 ml Selleriesaft.) Selleriesaft durch ein feines Sieb gießen, Zitronensaft untermischen.

Gemüsebrühe zum Kochen bringen, mit Muskat, Liebstöckel und Ingwer würzen. Kartoffeln dazugeben, 7 Minuten köcheln. Die Kartoffeln sollen weich sein, dürfen aber nicht zerfallen. Petersilienwurzel, Karotten und Lauch dazugeben, 2 Minuten köcheln. Selleriesaft untermischen, Suppe kurz erhitzen, aber nicht aufkochen und mit Petersilie bestreuen.
Pro Portion: 136 kcal, 1 g F, 7 g E, 23 g KH, 0 mg Chol

Sie haben keinen Entsafter?
Verwenden Sie statt dem Saft mehr Gemüsebrühe und 100 g klein geschnittene Selleriewurzel.

Für 4 Portionen
- 800 g Sellerie, Stücke
- 2 TL Zitronensaft
- 900 ml Gemüsebrühe (Gemüsesuppe)
- Muskat
- 1/2 TL Liebstöckel
- 1/2 TL frischer Ingwer, fein gehackt
- 200 g festkochende Kartoffeln, kleine Würfel
- 100 g Petersilienwurzel, sehr kleine Würfel
- 150 g Karotte, sehr feine Streifen
- 150 g Lauch, sehr feine Streifen
- 4 EL Petersilie, fein gehackt

Kräuterwürzige Bouillon mit Spargel

Sellerie mit dem Entsafter zu Saft verarbeiten. (Sie brauchen ca. 300 ml Selleriesaft.) Selleriesaft durch ein feines Sieb gießen, Zitronensaft untermischen.

Gemüsebrühe zum Kochen bringen, Zwiebel, Galgant und Zitronenschale einrühren. Kartoffeln dazugeben, 6 Minuten köcheln. Weißen und grünen Spargel dazugeben, 5 Minuten köcheln.

Öl in einer Pfanne erhitzen, Champignons darin unter Rühren kurz anbraten, leicht salzen. In die Suppe mischen und 1 Minute köcheln. Selleriesaft untermischen. Suppe kurz erhitzen, nicht aufkochen, Schnittlauch, Petersilie und Kerbel untermischen.
Pro Portion: 109 kcal, 3 g F, 6 g E, 14 g KH, 0 mg Chol

Für freie Tage
Besonders gut essen – das wollen wir an arbeitsfreien Tagen. Mit dieser Suppe gelingt das ganz einfach.

Für 4 Portionen
- 800 g Sellerie, Stücke
- 2 TL Zitronensaft
- 1 l Gemüsebrühe (Gemüsesuppe)
- 1/2 Zwiebel, fein gehackt
- 1/2 TL Galgant
- 1 Stück Bio-Zitronenschale
- 200 g festkochende Kartoffeln, kleine Würfel
- 200 g weißer Spargel, kleine Stücke
- 100 g grüner Spargel, kleine Stücke
- 1 EL Öl
- 150 g Champignons, feine Scheibchen
- 2 EL Schnittlauch, fein geschnitten
- 2 EL Petersilie, fein gehackt
- 3 EL Kerbel, fein gehackt

Klarer Borschtsch mit Steinpilzen und Kraut

Für 4 Portionen

- ❖ 25 g getrocknete Steinpilze
- ❖ 2 EL Öl
- ❖ 1 Zwiebel, fein gehackt
- ❖ 1 Knoblauchzehe, fein gehackt
- ❖ Muskat
- ❖ 1/2 TL Koriander, gemahlen
- ❖ 800 ml Gemüsebrühe (Gemüsesuppe)
- ❖ 1/2 TL Liebstöckel oder Ysop
- ❖ 1 Stück Bio-Zitronenschale
- ❖ 200 g Kartoffeln, kleine Würfel
- ❖ 200 g Weißkraut, sehr feine Streifen
- ❖ 200 g Karotten, dünne Scheiben
- ❖ 300 ml milchsauer vergorener Rote-Beete-(Rote-Rüben-)Saft
- ❖ 1-2 EL Zitronensaft
- ❖ 2 EL Petersilie, fein gehackt
- ❖ 2 EL Dill, fein gehackt

Steinpilze in 250 ml warmem Wasser 20 Minuten einweichen, abgießen, Einweichwasser auffangen. Steinpilze fein hacken. Einweichwasser durch ein feines Sieb gießen.

Öl in einem beschichteten Topf erhitzen. Zwiebeln darin bei milder Hitze weich und glasig dünsten. Knoblauch, Muskat und Koriander dazugeben, unter Rühren kurz anrösten. Mit Gemüsebrühe aufgießen, mit Liebstöckel und Zitronenschale würzen. Gemüsebrühe zum Kochen bringen. Kartoffeln dazugeben, 5 Minuten köcheln. Kraut, Karotten, Steinpilze und Steinpilz-Einweichwasser dazugeben, 6 Minuten köcheln.

Rote-Beete-Saft untermischen, Suppe kurz erhitzen (nicht aufkochen!). Suppe mit Zitronensaft abschmecken, mit Petersilie und Dill bestreuen.

Pro Portion: 152 kcal, 6 g F, 6 g E, 19g KH, 0 mg Chol

Kochen mit Gemüsesäften – der reine Genuss!

Selleriesaft selbst gemacht oder Rote-Beete-Saft milchsauer vergoren aus dem Tetra-Pak – Gemüsesäfte bringen feines Aroma in klare Suppen und machen das einfachste Rezept zum Geschmackserlebnis. Ich wurde zu diesen Rezepten von Rainer Melichar (www.nibelungenhof.at) und der von ihm entwickelten Methode „Succowell" inspiriert.

Asia-Suppentopf mit Pilzen und Sprossen

Gemüsebrühe mit Sojasoße und Ingwer zum Kochen bringen. 1 EL Öl in einer beschichteten Pfanne oder im Wok erhitzen. Zwiebel darin zuerst weich und glasig dünsten, dann unter Rühren goldgelb braten. Zwiebel in die Gemüsebrühe geben.

1/2 EL Öl im Wok erhitzen. Karotten darin kurz unter Rühren braten. Karotten und Brokkoli in die Suppe geben und leicht köcheln.

1/2 EL Öl im Wok erhitzen, Pilze darin unter Rühren 2 Minuten braten, in die Suppe geben, leicht köcheln. Sprossen in der Pfanne kurz unter Rühren braten, in die Suppe geben. Alles einen Moment erhitzen. Suppe mit Sesam und Frühlingszwiebeln bestreut servieren.

Pro Portion: 96 kcal, 6 g F, 4 g E, 5 g KH, 0 mg Chol

Für 4 Portionen

- 1 l schwach gesalzene Gemüsebrühe (Gemüsesuppe)
- 2 EL Sojasoße
- 1 TL frischer Ingwer, fein gehackt
- 2 EL Öl
- 1 Zwiebel, feine Ringe
- 150 g Karotten, feine Stifte
- 200 g Brokkoli, sehr kleine Röschen
- 150 g Pilze (Champignons, Shiitake), dünne Scheiben
- 50 g Mungsprossen („Sojasprossen")
- 2 TL ungeschälter Sesam, geröstet
- 2 Frühlingszwiebeln, feine Ringe

Miso-Gemüsetopf mit Tofu

Öl in einem beschichteten Topf erhitzen, Zwiebel darin zuerst glasig und weich dünsten, dann unter Rühren anbraten. Mit Gemüsebrühe aufgießen, Suppe zugedeckt 10 Minuten leicht kochen. Kartoffeln, Karotten, Kohlrabi und Ingwer dazugeben. Suppe zugedeckt 5 Minuten leicht kochen. Tofu dazugeben, Suppe zugedeckt 3 Minuten leicht kochen. Das Gemüse soll weich sein, aber Biss haben. Miso mit 5 EL kaltem Wasser glatt rühren. Suppe vom Herd nehmen, Misopaste einrühren. Suppe mit Sesam und Frühlingszwiebeln bestreut servieren.

Pro Portion: 136 kcal, 6 g F, 8 g E, 13 g KH, 0 mg Chol

Miso

Würzige Paste aus natürlich fermentierten Sojabohnen und Getreide. Dieses traditionelle japanische Produkt gibt es in Naturkost- und Asiageschäften. Miso ist vitalstoffreich und fettarm, also eine ideale Zutat für die Basenfastensuppe.

Für 4 Portionen

- 2 EL Öl
- 1 Zwiebel, fein gehackt
- 1,2 l schwach gesalzene Gemüsebrühe (Gemüsesuppe)
- 150 g Kartoffeln, kleine Würfel
- 150 g Karotten, dünne Scheiben
- 150 g Kohlrabi, feine Streifen
- 1 TL frischer Ingwer, fein gehackt
- 150 g Tofu, kleine Würfel
- 3-4 EL Miso
- 1 TL ungeschälter Sesam, geröstet
- 2 Frühlingszwiebeln, feine Ringe

Ein portugiesisches Leibgericht – Wirsing-Kartoffel-Topf

Gemüsebrühe mit Kartoffeln, Zwiebel, Knoblauch, Olivenöl, Lorbeer und Piment zum Kochen bringen. Zugedeckt 15 Minuten köcheln.

Suppe durch ein Sieb gießen, dabei die Garflüssigkeit auffangen. Lorbeer und Piment aus dem Sieb fischen. Kartoffeln, Zwiebel und Knoblauch zurück in den Topf geben und mit dem Kartoffelstampfer grob zerdrücken. Garflüssigkeit dazugeben und alles gut verrühren.

Kartoffelsuppe aufkochen, Wirsing untermischen. Suppe zugedeckt 8 Minuten köcheln, mit wenig Salz und Pfeffer abschmecken, mit Koriander bestreut servieren.

Pro Portion: 148 kcal, 3 g F, 6 g E, 23 g KH, 0 mg Chol

Für 4 Portionen

- 1,25 l Gemüsebrühe (Gemüsesuppe)
- 500 g mehlige Kartoffeln, kleine Stücke
- 1 kleine Zwiebel, fein gehackt
- 1 Knoblauchzehe, fein gehackt
- 1 EL Olivenöl
- 2 Lorbeerblätter
- 2 Pimentkörner
- 300 g Wirsing (Kohl), sehr feine Streifen
- Salz
- Pfeffer
- 1/2 Bund frischer Koriander oder Petersilie, fein gehackt

Karibische Gemüsesuppe mit Kürbis

Für 4 Portionen

- 1 EL Öl
- 1 Zwiebel, fein gehackt
- 2 Knoblauchzehen, fein gehackt
- Muskat
- 1/2 TL Koriander, gemahlen
- 1/4 TL Fenchelsamen, zerstoßen
- 1/2 TL Thymian
- 1/4 TL Zimt
- 150 g festkochende Kartoffeln, kleine Stücke
- 150 g Karotte, dünne Scheiben
- Salz
- 1 l Gemüsebrühe (Gemüsesuppe)
- 1 TL frischer Ingwer, fein gehackt
- Chilipulver
- 300 g geschälte Tomaten (Dose), Stücke
- 2 Stängel Bleichsellerie (Stangensellerie), dünne Scheiben
- 300 g Kürbis (Muskat, Hokkaido, Butternuss), kleine Stücke
- 1 EL Limettensaft
- 2 Frühlingszwiebeln, feine Ringe
- 3 EL frischer Koriander oder Petersilie, fein gehackt

Öl in einem Topf erhitzen. Zwiebel darin zuerst bei milder Hitze glasig und weich dünsten, dann unter Rühren goldgelb braten. Knoblauch, Muskat, Koriander, Fenchel, Thymian und Zimt dazugeben, unter Rühren kurz anbraten. Kartoffeln und Karotten dazugeben, leicht salzen, unter Rühren kurz anbraten.

Mit Gemüsebrühe aufgießen, mit Ingwer und Chili würzen. Suppe zum Kochen bringen, 8 Minuten köcheln, Tomaten, Bleichsellerie und Kürbis dazugeben. Suppe zugedeckt 8 Minuten köcheln. Der Kürbis soll weich sein, aber nicht zerfallen.

Karibische Gemüsesuppe mit Limettensaft abschmecken, mit Frühlingszwiebeln und frischem Koriander bestreuen.
Pro Portion: 106 kcal, 3 g F, 3 g E, 16 g KH, 0 mg Chol

Provenzalische Sommersuppe mit Tomaten-Basilikum-Dip

Olivenöl in einem beschichteten Topf erhitzen. Zwiebel darin bei milder Hitze glasig und weich dünsten, Knoblauch untermischen, unter Rühren kurz anbraten. Mit Gemüsebrühe aufgießen.

Kartoffeln, Karotten, grüne Bohnen, Thymian, Oregano und Lorbeer dazugeben. Suppe zum Kochen bringen, zugedeckt 6 Minuten köcheln. Blumenkohl untermischen, 5 Minuten köcheln. Zucchini untermischen, 1 Minute köcheln. Suppe vom Herd nehmen, den Tomaten-Basilikum-Dip (siehe unten) untermischen.

Pro Portion: 124 kcal, 4 g F, 5 g E, 16 g KH, 0 mg Chol

Für 4 Portionen

- 1 EL Olivenöl
- 1 Zwiebel, fein gehackt
- 2 Knoblauchzehen, fein gehackt
- 1,2 l Gemüsebrühe (Gemüsesuppe)
- 200 g Kartoffeln, kleine Würfel
- 100 g Karotten, dünne Scheiben
- 100 g grüne Bohnen (Fisolen), kleine Stücke
- 1/2 TL Thymian
- 1/2 TL Oregano
- 1 Lorbeerblatt
- 100 g Blumenkohl (Karfiol), kleine Röschen
- 100 g Zucchini, dünne Scheiben

Tomaten-Basilikum-Dip

Olivenöl in einer kleinen, beschichteten Pfanne erhitzen. Knoblauch darin kurz anbraten. Tomaten und Thymian dazugeben. Alles unter Rühren zu einer dicken Soße einkochen. Tomatensoße mit dem Mixstab pürieren, mit Salz und Pfeffer abschmecken. Basilikum untermischen.

Suppe zum Mitnehmen
Suppe und Dip getrennt verpacken und erst kurz vor dem Essen vermischen.

- 1 TL Olivenöl
- 1 Knoblauchzehe, fein gehackt
- 400 g Tomaten, abgezogen, Stücke
- 1/2 TL Thymian
- Salz
- Pfeffer
- 1/2 Bund Basilikum, fein geschnitten

Gemüse

Aus einem Topf – Aromatische Suppe und Kohlrabi-Karotten-Gemüse

In einem beschichteten Topf 1/2 EL Olivenöl erhitzen. Zwiebel darin zuerst bei milder Hitze langsam glasig dünsten, dann unter Rühren goldgelb braten.

Kohlrabi, Karotten, Ingwer und Koriander dazugeben, leicht salzen, unter Rühren kurz anbraten. Mit Gemüsebrühe aufgießen, mit Liebstöckel würzen. Gemüsetopf zum Kochen bringen, zugedeckt ca. 7 Minuten köcheln, bis die Kohlrabi und Karotten diesen wunderbaren Zustand erreichen: weich mit Biss! Gemüse in ein Sieb abgießen, Gemüsebrühe auffangen – und damit ist das kleine Menü auch schon fertig!

Als Vorspeise wird die aromatische Gemüsebrühe, bestreut mit Petersilie serviert. (Das Gemüse so lange warm halten.)

Für das Hauptgericht die Karotten und Kohlrabi mit Zitronensaft, 1/2 EL Olivenöl und Basilikum vermischen, mit Salz und Pfeffer abschmecken.

Zum milden Gemüse schmecken knusprige Kartoffel-Paprika-Burger (S. 87), Ofenkartoffeln (S. 98) oder Kümmelkartoffeln (S. 97).
Pro Portion: 141 kcal, 6 g F, 6 g E, 16 g KH, 0 mg Chol

Aus eins mach zwei – Variationen
Fenchel, Champignons und rote Paprika oder Blumenkohl (Karfiol), Lauch und Zucchini: Auch diese Gemüsemischungen eignen sich für die praktische Ein-Topf-Methode.

Für 2 Portionen
* 1 EL Olivenöl
* 1 Zwiebel, fein gehackt
* 250 g Kohlrabi, dünne Scheiben
* 250 g Karotten, dünne Scheiben
* 1/2 TL frischer Ingwer, fein gehackt
* 1/4 TL Koriander, gemahlen
* 600 ml Gemüsebrühe (Gemüsesuppe)
* 1/2 TL Liebstöckel
* 2 EL Petersilie, fein gehackt
* 1/2 EL Zitronensaft
* 3 EL Basilikum, fein geschnitten
* Salz
* Pfeffer

Geschmorte Gurken in Zitronencreme

Für 2 Portionen

- 1/2 EL Öl
- 1 kleine Zwiebel, fein gehackt
- 1 Knoblauchzehe, fein gehackt
- Muskat
- 500 g Gurke, geschält, dünne Scheiben
- Salz
- Pfeffer
- 1/2 TL Bio-Zitronenschale, fein gehackt
- 2 EL Sojasahne
- 2 EL Petersilie, fein gehackt
- 1/2 EL Zitronensaft

Öl in einem beschichteten Topf erhitzen. Zwiebel darin bei milder Hitze langsam weich und glasig dünsten. Knoblauch und Muskat dazugeben, alles unter Rühren kurz anrösten. Gurke untermischen, leicht salzen, mit Pfeffer und Zitronenschale würzen. Gurken zugedeckt 10 Minuten schmoren. Sojasahne und Zitronensaft untermischen, unter Rühren kurz erhitzen. Petersilie untermischen, mit Zitronensaft abschmecken.

Pro Portion: 111 kcal, 8 g F, 3 g E, 8 g KH, 0 mg Chol

Kartoffel-Paprika-Burger

Für 2 Portionen

- 300 g mehlige Kartoffeln
- 2-3 EL Kartoffelstärke
- 1/2 grüner Paprika, kleine Würfel
- 2 Frühlingszwiebeln, feine Ringe
- 3 EL Petersilie, fein gehackt
- 1/2 TL Kümmel, zerstoßen
- 1/2 TL edelsüßes Paprikapulver
- Salz
- Pfeffer
- 1 EL Öl

Kartoffeln in der Schale weich dämpfen, abziehen, durch die Kartoffelpresse drücken. Heiße Kartoffeln, Kartoffelstärke, Paprika, Frühlingszwiebeln, Petersilie und Kümmel vermischen, mit Salz und Pfeffer abschmecken. Die Masse etwas ruhen lassen. Aus der Masse kleine, flache Burger (1/2 cm dünn) formen.

Öl in einer beschichteten Pfanne erhitzen, die Kartoffel-Paprika-Burger auf beiden Seiten langsam und bei milder Hitze knusprig goldbraun braten.

Pro Portion: 225 kcal, 6 g F, 5 g E, 36 g KH, 0 mg Chol

Gegrillte Zucchini
mit Pesto aus getrockneten Tomaten

Getrocknete Tomaten, Cashewnüsse, Olivenöl, passierte Tomaten, Basilikum und Oregano im Cutter (Multizerkleinerer) zu einer Paste mixen. Knoblauch unterrühren. Pesto mit Salz und Pfeffer abschmecken.

Backofen auf 180 °C Ober- und Unterhitze (160 °C Heißluft, Gas Stufe 3-4) vorheizen. Ein Backblech mit Backpapier bedecken. Zucchini nebeneinander auf das Blech legen und im vorgeheizten Ofen 7 Minuten braten, umdrehen und noch ca. 5 Minuten braten. Die Zucchini sollen noch einen guten Biss haben. Auf jede Zucchinischeibe einen Klacks Tomatenpesto geben.

Dazu schmecken Zitronenkartoffeln (siehe unten).
Pro Portion 138 kcal, 8 g F, 6 g E, 9 g KH, 0 mg Chol

Für 2 Portionen
Pesto
- 30 g getrocknete Tomaten, kleine Stücke
- 1 EL Cashewnüsse, gehackt
- 1 EL Olivenöl
- 6 EL passierte Tomaten
- 1/2 TL Basilikum
- 1/2 TL Oregano
- 1 Knoblauchzehe, fein gehackt
- Salz
- Pfeffer

Zucchini
- 500 g Zucchini, 1 cm dünne Längsscheiben

Zitronenkartoffeln

In einer großen beschichteten Pfanne das Öl erhitzen. Kartoffeln und Rosmarin dazugeben, salzen und kurz unter Rühren anbraten, mit Zitronenschale würzen, mit 150 ml Wasser aufgießen. Einen gut schließenden Deckel auf die Pfanne setzen und die Kartoffeln bei guter Hitze ca. 15 Minuten weich garen. (Bei Bedarf noch wenig Wasser angießen.) Wenn die Kartoffeln gar sind, muss das gesamte Wasser verdampft sein. Zitronensaft unterrühren. Die Kartoffeln noch kurz unter Rühren knusprig goldbraun braten.
Pro Portion: 139 kcal, 3 g F, 3 g E, 24 g KH, 0 mg Chol

Für 2 Portionen
- 1/2 EL Olivenöl
- 300 g festkochende Kartoffeln, kleine Spalten
- Salz
- 1 TL Rosmarinnadeln
- 1/2 TL Bio-Zitronenschale, fein gehackt
- 2 EL Zitronensaft

Hallo Frühling –
Spargel mit Petersilien-Nuss-Soße

Spargel gut schälen, die harten Enden abschneiden. Reichlich Salzwasser mit Zitronenscheiben zum Kochen bringen. Spargel darin ca. 12 Minuten bissfest kochen.

250 ml Spargelsud abmessen und in einem kleinen Topf zum Kochen bringen. Petersilie dazugeben, zugedeckt 2 Minuten köcheln, bis die Petersilienblättchen zusammenfallen. Petersilie in einem Sieb abtropfen lassen; dabei die Garflüssigkeit auffangen. Petersilie etwas abkühlen lassen und grob hacken.

Mit dem Pürierstab aus Petersilie, Petersilien-Garflüsssigkeit, Cashewnüssen, Zitronenschale und Zitronensaft eine glatte Soße mixen. Petersiliensoße mit wenig Salz und Pfeffer abschmecken.

Spargel portionsweise mit der Soße anrichten; dazu schmecken Stampfkartoffeln mit Basilikum (siehe unten).
Pro Portion: 136 kcal, 5 g F, 9 g E, 13 g KH, 0 mg Chol

Für 2 Portionen
Spargel
* 600 g weißer Spargel
* 2 Zitronenscheiben
* Salz

Soße
* 80 g Petersilie, Blättchen abgezupft
* 2 EL Cashewnüsse, gehackt
* 1/2 TL abgeriebene Bio-Zitronenschale
* 1-2 EL Zitronensaft
* Salz
* Pfeffer

Stampfkartoffeln mit Basilikum

Kartoffeln in der Schale weich dämpfen, abziehen, mit dem Kartoffelstampfer zerdrücken.

Kartoffeln, Olivenöl, Gemüsebrühe und Basilikum verrühren. Püree mit Muskat und Salz abschmecken.
Pro Portion: 86 kcal, 1 g F, 2 g E, 15 g KH, 0 mg Chol

Für 2 Portionen
* 400 g mehlige Kartoffeln
* 1 TL Olivenöl
* 5-7 EL heiße Gemüsebrühe (Gemüsesuppe)
* 1 Bund Basilikum, fein geschnitten
* Muskat
* Salz

Andalusischer Pisto mit Auberginen, Paprika und Tomaten

Für 4 Portionen

❖ 2 EL Olivenöl
❖ 1 1/2 Zwiebeln, fein gehackt
❖ 2 grüne Paprika, kleine Stücke
❖ 500 g Auberginen (Melanzani), kleine Würfel
❖ 600 g Tomaten, geschält, gewürfelt
❖ Salz
❖ Pfeffer

Das Öl in einem flachen, beschichteten Topf erhitzen. Zwiebeln darin bei milder Hitze weich und glasig dünsten. Paprika und Auberginen dazugeben, unter Rühren 6 Minuten braten. Tomaten dazugeben, mit Salz und Pfeffer würzen. Pisto zugedeckt 30 bis 40 Minuten köcheln, dabei ab und zu umrühren. Der Pisto ist fertig, wenn Paprika und Auberginen ganz weich und die Tomaten ziemlich eingekocht sind.

Pro Portion: 119 kcal, 6 g F, 4 g E, 12 g KH, 0 mg Chol

Ideales Sommergemüse

Pisto eignet sich zum Aufwärmen. Dieses andalusische Gericht schmeckt heiß, lauwarm und kalt. Dazu passen platt geklopfte Kartoffeln aus dem Ofen (siehe unten) oder Zitronenkartoffeln (S. 88).

Platt geklopfte Kartoffeln aus dem Ofen mit Rosmarin

Für 2 Portionen

❖ 300 g kleine Bio-Kartoffeln
❖ Salz
❖ 1 TL Rosmarinnadeln, gehackt
❖ 1 EL Olivenöl

Backofen auf 200 °C Ober- und Unterhitze (180 °C Heißluft, Gas Stufe 4-5) vorheizen. Backblech mit Backpapier belegen. Kartoffeln gut abbürsten, waschen und trocken tupfen.

Die Kartoffeln mit einem schweren Gegenstand (Fleischklopfer oder Mörser) etwas platt klopfen, so dass sie stellenweise aufspringen.

Kartoffeln nebeneinander auf das Backblech legen, salzen, mit Rosmarin bestreuen, mit Öl beträufeln und im vorgeheizten Ofen 30 bis 40 Minuten braten.

Pro Portion: 151 kcal, 5 g F, 3 g E, 22 g KH, 0 mg Chol

Folienkartoffeln

Backofen auf 200 °C Ober- und Unterhitze (180 °C Heißluft, Gas Stufe 4-5) vorheizen. Kartoffeln gut waschen, trocken tupfen, mit Öl bepinseln und in Alufolie wickeln. Kartoffeln im vorgeheizten Ofen auf dem Rost (mittlere Schiene) ca. 60 Minuten weich braten.

Kartoffeln aus der Folie wickeln, aufschneiden, mit Champignons in Cremesoße (S. 94) unten, gebratenem Brokkoli mit Tomaten, Oliven und Kapern (S. 94) oder Curryspinat (S. 95) füllen, dazu auch den Senf- und Tomaten-Sellerie-Dip (siehe unten) reichen.
Pro Portion: 142 kcal, 1 g F, 4 g E, 30 g KH, 0 mg Chol

Folienkartoffeln „on the road"
Wenn Sie eine Folienkartoffel für das Mittagessen mitnehmen wollen, dann die Kartoffel schon am Abend vorher waschen, trocken tupfen, in Alufolie wickeln und im Kühlschrank aufbewahren. Am nächsten Morgen nach dem Aufstehen als Erstes den Ofen anwerfen, am besten Umluft, die Kartoffel weich braten und ganz heiß in den Thermobehälter packen.

Für 2 Portionen
- 2 große Bio-Kartoffeln (je 200 g)
- 1 TL Öl

Senf- und Tomaten-Sellerie-Dip

Öl in einem kleinen, beschichteten Topf erhitzen. Zwiebel darin unter Rühren weich dünsten. Sellerie und Gemüsebrühe dazugeben, mit Zitronenschale und Muskat würzen. Zugedeckt 10 Minuten köcheln. Sellerie, Garflüssigkeit und Zitronenschale mit dem Mixstab fein pürieren.

Für den Tomaten-Dip die Hälfte des Selleriepürees mit den passierten Tomaten und 1 EL Zitronensaft vermischen, für den Senf-Dip das restliche Selleriepüree mit Senf und 1-2 EL Zitronensaft vermischen. Dips mit Salz und Pfeffer abschmecken.
Pro Esslöffel: 5 kcal, 0 g F, 0 g E, 2 g KH, 0 mg Chol

Für ca. 300 g
- 1 TL Öl
- 1/4 Zwiebel, fein gehackt
- 150 g Sellerie, kleine Würfel
- 150 ml Gemüsebrühe (Gemüsesuppe)
- 1 Stück Bio-Zitronenschale
- Muskat
- 2-3 EL Zitronensaft
- 3 EL passierte Tomaten
- 2 TL Dijonsenf
- Salz
- Pfeffer

Champignons in Cremesoße

Öl in einer beschichteten Pfanne erhitzen. Zwiebel darin zuerst glasig dünsten, dann goldgelb braten. Champignons und 2 EL Petersilie untermischen, leicht salzen, unter Rühren 4 Minuten braten.

Zitronensaft und Sojasahne untermischen, kurz erhitzen, mit Salz und Pfeffer abschmecken. Restliche Petersilie unterrühren. Die Folienkartoffel (siehe Foto S. 93) damit füllen.
Pro Portion: 90 kcal, 5 g F, 7 g E, 5 g KH, 0 mg Chol

Für 2 Portionen
- 1/2 EL Öl
- 1/2 Zwiebel, fein gehackt
- 400 g Champignons, kleine Würfel
- 3 EL Petersilie, fein gehackt
- 2 TL Zitronensaft
- 2 EL Sojasahne
- Salz
- Pfeffer

Gebratener Brokkoli mit Tomaten, Oliven und Kapern

Brokkoli zugedeckt in einem Siebeinsatz über Wasserdampf ca. 4 Minuten bissfest garen (bzw. im Dampfgarer laut Anleitung). Brokkoli ziemlich klein hacken.

In einer beschichteten oder gusseisernen Pfanne das Olivenöl erhitzen. Knoblauch darin unter Rühren anbraten. Brokkoli dazugeben, unter Rühren kurz braten, mit Salz und Pfeffer würzen. Brokkoli, Tomaten, Kapern, Oliven und Basilikum vermischen. Die Folienkartoffel (siehe Foto S. 93) damit füllen.
Pro Portion: 147 kcal, 8 g F, 8 g E, 11 g KH, 0 mg Chol

Der ganze Brokkoli schmeckt
Auch der Stängel. Dieser wird mit einem Messer gut geschält, in dünne Scheiben geschnitten und mit den Röschen gegart.

Für 2 Portionen
- 400 g Brokkoli, kleine Röschen
- 1 EL Olivenöl
- 1 Knoblauchzehe, fein gehackt
- Salz
- Schwarzer Pfeffer
- 1 Tomate, kleine Würfel
- 2 TL Kapern, fein gehackt
- 4 schwarze Oliven, gehackt
- 1/2 Bund Basilikum, fein geschnitten

Gebratener Curryspinat

Für 2 Portionen

- 300 g Spinat
- Salz
- 1 EL Öl
- 1/2 Zwiebel, fein gehackt
- 1 Knoblauchzehe, fein gehackt
- 1/2 TL Currypulver
- 1/2 TL frischer Ingwer, fein gehackt
- 3 EL Sojasahne
- 1-2 EL Zitronensaft
- Salz
- 2 EL Petersilie oder frischer Koriander, fein gehackt

Spinat mit etwas Salz in einen großen Topf geben und bei guter Hitze zugedeckt 2 Minuten zusammenfallen und in einem Sieb abtropfen lassen. Spinat in große Stücke schneiden.

Öl in einer beschichteten Pfanne erhitzen. Zwiebel und Knoblauch darin zuerst glasig dünsten, dann unter Rühren goldgelb braten. Currypulver und Ingwer untermischen, kurz anrösten. Sojasahne untermischen. Spinat mit der Zwiebelsoße vermischen, kurz erhitzen, mit Zitronensaft würzen, mit Salz abschmecken. Petersilie unterrühren. Folienkartoffel aufschneiden, mit dem Spinat füllen (siehe Foto S. 93).
Pro Portion: 80 kcal, 7 g F, 3 g E, 2 g KH, 0 mg Chol

Vielseitig einsetzbare Rezeptbausteine
Gebratener Brokkoli mit Tomaten, Curryspinat und Champignons in Cremesoße passen auch zu Pell- oder Ofenkartoffeln.

Kartoffelparty
Sie haben Gäste und wollen trotzdem basenfasten? Dann einfach Folienkartoffeln auftischen, dazu diese 3 Füllungen und einen großen Salat servieren – wetten, dass es allen schmeckt? Bei der Gartenparty die Folienkartoffeln in der Glut des Grills garen und als Füllung auch Spinatsalat mit Pilzen (S. 53), Salat von grünen Bohnen mit Gazpacho-Dressing (S. 48) oder Sprossen-Petersilien-Radicchio-Salat mit gebratenem Thai-Tofu (S. 57) auftischen.

Blumenkohl mit grüner Soße

Gemüsebrühe mit Zitronenschale zum Kochen bringen. Blumenkohl darin zugedeckt weich, aber mit Biss köcheln. Blumenkohl in ein Sieb abgießen, Garflüssigkeit auffangen.

Für die Soße das Öl in einem beschichteten Topf erhitzen. Zwiebel darin bei milder Hitze langsam weich und glasig dünsten. Sellerie und die Hälfte der Petersilie dazugeben, kurz andünsten. Mit der Garflüssigkeit aufgießen, mit Muskat würzen. Soße zugedeckt ca. 12 Minuten köcheln.

Restliche Petersilie und Zitronensaft dazugeben, alles mit dem Mixstab fein pürieren. Blumenkohl in die Soße geben, nochmals kurz erhitzen. Wenn die Soße zu dickflüssig ist, noch wenig Gemüsebrühe unterrühren.

Zum Blumenkohl in grüner Soße schmecken Stampfkartoffeln mit Basilikum (S. 90) oder knusprige Kartoffelplätzchen (S. 106).
Pro Portion: 120 kcal, 6 g F, 7 g E, 9 g KH, 0 mg Chol

Für 2 Portionen
- 400 ml Gemüsebrühe (Gemüsesuppe)
- 1 Stück Bio-Zitronenschale
- 400 g Blumenkohl (Karfiol), kleine Röschen
- 1 EL Öl
- 1 kleine Zwiebel, fein gehackt
- 50 g Sellerie, kleine Würfel
- 1 Bund Petersilie, fein gehackt
- Muskat
- 1/2 EL Zitronensaft
- Pfeffer

Rote Beete mit Apfel-Meerrettich-Soße

Für 2 Portionen
- 300 g gekochte Rote Beete (Rote Rübe)
- 1 EL Öl
- 1/2 Zwiebel, fein gehackt
- 50 g mehlige Kartoffel, kleine Würfel
- 250 ml Gemüsebrühe (Gemüsesuppe)
- 1/4 TL Galgant
- 1/2 saftiger, säuerlicher Apfel, kleine Stücke
- 1 EL Zitronensaft
- 1 TL Meerrettich (Kren) aus dem Glas
- 1/2 TL Bio-Zitronenschale, fein gehackt
- Salz

Rote Beete abziehen, in dünne Scheiben schneiden.

Öl in einem beschichteten Topf erhitzen. Zwiebel darin zuerst bei milder Hitze weich und glasig dünsten. Kartoffel dazugeben, unter Rühren kurz anbraten. Gemüsebrühe und Galgant dazugeben, zugedeckt 10 Minuten köcheln. Äpfel dazugeben, zugedeckt 4 Minuten köcheln. Soße mit dem Mixstab fein pürieren.

Rote Beete mit der Apfelsoße vermischen und kurz erhitzen. Meerrettich und Zitronensaft unterrühren, mit Salz abschmecken. Dazu schmecken Kümmelkartoffeln (siehe unten).
Pro Portion: 163 kcal, 5 g F, 4 g E, 24 g KH, 0 mg Chol

Kümmelkartoffeln

Für 2 Portionen
- 300 g festkochende Kartoffeln, kleine Spalten
- 1/2 TL Kümmel, zerstoßen
- Salz
- 1/2 EL Öl

Backofen auf 200 °C Ober- und Unterhitze (180 °C Heißluft, Gas Stufe 4-5) vorheizen.

Kartoffelspalten auf ein großes Stück Backpapier geben, mit Kümmel bestreuen, leicht salzen, mit Öl beträufeln.

Backpapier gut verschließen. Kartoffelpäckchen auf den Backofenrost (mittlere Schiene) legen, im vorgeheizten Ofen 20 bis 30 Minuten braten.
Pro Portion: 128 kcal, 3 g F, 3 g E, 22 g KH, 0 mg Chol

Tajine – Marokkanisches Schmorgemüse mit Aprikosen

Das Öl in einem beschichteten Topf erhitzen. Zwiebel darin zuerst bei milder Hitze weich und glasig dünsten, dann unter Rühren goldgelb braten. Knoblauch, Koriander, Kreuzkümmel und Curcuma dazugeben, unter Rühren kurz anbraten.

Karotten und Fenchel untermischen, leicht salzen, unter Rühren kurz braten. Mit Gemüsebrühe aufgießen. Zitronenschale, Ingwer und Nelke dazugeben. Gemüse zum Kochen bringen, zugedeckt ca. 12 Minuten köcheln. Tomaten und Aprikosen untermischen, 10 Minuten köcheln. Das Gemüse soll von einer dicken Soße umgeben sein. Tajine mit wenig Salz und Chili abschmecken. Dazu schmecken Ofenkartoffeln (siehe unten).
Pro Portion: 99 kcal, 4 g F, 4 g E, 12 g KH, 0 mg Chol

Einfach würzen
Statt Kreuzkümmel, Curcuma, Koriander und Nelke bringt eine Currymischung orientalisches Aroma in die Tajine.

Für 2 Portionen
- 1 EL Olivenöl
- 1/2 Zwiebel, feine Ringe
- 2 Knoblauchzehen, fein gehackt
- 1/2 TL Koriander, gemahlen
- 1/2 TL Kreuzkümmel (Cumin)
- 1/2 TL Curcuma
- 200 g Karotten, dünne Scheiben
- 250 g Fenchel, feine Spalten
- Salz
- 300 ml Gemüsebrühe (Gemüsesuppe)
- 4 getrocknete Aprikosen (Marillen), halbiert
- 1 Stück Bio-Zitronenschale
- 1 TL frischer Ingwer, fein gehackt
- 1 Nelke
- 250 g geschälte Tomaten (Dose), Stücke
- Chilipulver
- Salz

Ofenkartoffeln

Backofen auf 180 °C Ober- und Unterhitze (160 °C Heißluft, Stufe 3-4 Gas) vorheizen.

Die Kartoffeln gut abbürsten (nicht schälen), längs durchschneiden, nebeneinander auf ein Backblech setzen. Schnittflächen leicht salzen, mit Öl bestreichen, mit Thymian bestreuen. Kartoffeln im vorgeheizten Ofen ca. 20 Minuten backen.
Pro Portion: 129 kcal, 3 g F, 3 g E, 22 g KH, 0 mg Chol

Für 2 Portionen
- 300 g kleine Kartoffeln
- 1 TL Öl
- 1/2 TL Thymian
- Salz

Wirsingsäckchen aus dem Dampf

Wirsingblätter in kochendem Salzwasser 1 Minute blanchieren. Mit einem Schaumlöffel aus dem Topf fischen. Blätter kalt abschrecken, in einem Sieb abtropfen lassen.

Für die Füllung die geschälten Kartoffeln abziehen und fein reiben. Kartoffeln, Mandeln, Ingwer, Zitronenschale, Zitronensaft, Koriander und Frühlingszwiebeln vermischen. Füllung mit Salz und Pfeffer abschmecken. In die Mitte jedes Wirsingblattes etwas Füllung geben. Wirsingblatt über der Füllung zusammenfassen, mit je zwei Zahnstochern über Kreuz zusammenstecken. Wirsingsäckchen nebeneinander in einen Siebeinsatz (chinesisches Bambuskörbchen oder gelochter Metalleinsatz) setzen. Zugedeckt über Wasserdampf 12 Minuten garen (bzw. im Dampfgarer nach Anleitung). Zu den Wirsingsäckchen schmeckt die milde Tomaten-Karotten-Soße (siehe unten).
Pro Portion: 196 kcal, 6 g F, 9 g E, 24 g KH, 0 mg Chol

Für 2 Portionen
❖ 8 mittelgroße Wirsingblätter
  (Kohlblätter)
❖ Salz
❖ 12 Zahnstocher

Füllung
❖ 200 g gekochte mehlige Kartoffeln
❖ 2 EL Mandelsplitter, fein gehackt
❖ 1 TL frischer Ingwer, fein gehackt
❖ Abgeriebene Schale von
  1/2 Bio-Zitrone
❖ 2 TL Zitronensaft
❖ 1/2 TL Koriander, gemahlen
❖ 4 EL Petersilie, fein gehackt
❖ 4 Frühlingszwiebeln, feine Ringe
❖ Salz
❖ Pfeffer

Tomaten-Karotten-Soße

Öl in einem beschichteten Topf erhitzen. Zwiebel und Knoblauch darin weich und glasig dünsten. Karotten dazugeben, kurz unter Rühren braten, mit Gemüsebrühe aufgießen und mit Liebstöckel würzen. Zugedeckt ca. 10 Minuten köcheln, bis die Karotten weich, aber mit Biss sind. Passierte Tomaten untermischen, alles mit dem Mixstab fein pürieren. Soße nochmals kurz erhitzen, mit Schnittlauch bestreuen.
Pro Portion: 81 kcal, 5 g F, 2 g E, 6 g KH, 0 mg Chol

Für 2 Portionen
❖ 1 EL Öl
❖ 1/2 Zwiebel, fein gehackt
❖ 1 Knoblauchzehe, fein gehackt
❖ 100 g Karotten, dünne Scheiben
❖ 200 ml Gemüsesuppe
  (Gemüsebrühe)
❖ 1/2 TL Liebstöckel
❖ 100 ml passierte Tomaten
❖ 2 EL Schnittlauchröllchen

Brokkoli, Zucchini und Karotten aus dem Dampf mit Pesto

Für 2 Portionen

Für 2 Portionen

Pesto

* 60 g Zucchini, grob geraspelt
* 3 EL kalte Gemüsebrühe (Gemüsesuppe)
* 1 Bund Basilikum, gehackt
* 1/2 Bund Minze, gehackt
* 2 EL Pinienkerne, gehackt
* 1-2 EL Zitronensaft
* 1/2 Knoblauchzehe, fein gehackt
* Salz
* Pfeffer

Gemüse

* 150 g Brokkoli, kleine Röschen
* 150 g Karotten, sehr dünne Scheiben
* 150 g Zucchini, dicke Scheiben

F ür das Pesto die geraspelten Zucchini, die Gemüsebrühe, Basilikum, Minze, Pinienkerne und Zitronensaft im Cutter (Multizerkleinerer) mixen. Knoblauch unterrühren. Pesto mit Salz und Pfeffer abschmecken.

Brokkoli, Zucchini und Karotten zugedeckt in einem Siebeinsatz in ca. 6 Minuten bissfest dämpfen (bzw. im Dampfgarer nach Anleitung). Gemüse mit dem Pesto anrichten.

Pro Portion: 123 kcal, 6 g F, 7 g E, 10 g KH, 0 mg Chol

Pesto – Würze für Gemüse, Kartoffeln, Salat und Suppe

Mit diesem leichten Pesto bringen Sie Pfiff auf den Speiseplan. Würzen Sie damit auch den Kartoffelsalat (S. 58), die Tomaten-Süßkartoffel-Suppe (S. 73), Folienkartoffeln (S. 92) oder die Wirsingsäckchen aus dem Dampf (S. 100).

Pilze, Lauch und Sprossen aus dem Wok

Sesamkörner in einer trockenen Pfanne anrösten, bis sie anfangen hochzuspringen. Gemüsebrühe, Ingwer, Sojasoße und Sesam-Gewürzöl verrühren. Kartoffelstärke mit 2 EL kaltem Wasser glatt rühren.

1/2 EL Öl im Wok oder in einer beschichteten Pfanne erhitzen. Lauch darin unter Rühren kurz braten. Sprossen untermischen, 1 Minute braten. Lauch und Sprossen aus der Pfanne nehmen.

1/2 EL Öl in der Pfanne erhitzen. Pilze darin unter Rühren 3 Minuten braten. Sojasoßenmischung und aufgelöste Stärke untermischen, unter Rühren köcheln, bis die Soße bindet. Lauch und Sprossen untermischen. Gemüse mit Chili abschmecken, mit Sesam bestreuen. Dazu schmeckt das Blumenkohl-Kartoffel-Püree (siehe unten).

Pro Portion: 135 kcal, 9 g F, 8 g E, 7 g KH, 0 mg Chol

Für 2 Portionen
- 2 TL ungeschälter Sesam
- 4 EL Gemüsebrühe (Gemüsesuppe)
- 1 TL frischer Ingwer, fein gehackt
- 1-2 EL helle Sojasoße
- 1/2 TL Sesam-Gewürzöl
- 1 gestrichener TL Kartoffelstärke
- 1 EL Öl
- 200 g Lauch, längs halbiert, 1/2 cm breite Streifen
- 50 g Mungsprossen („Sojasprossen")
- 250 g Pilze (Champignons, Steinpilze, Shiitake), dünne Scheiben
- Chilipulver

Blumenkohl-Kartoffel-Püree

Kartoffeln in der Schale weich dämpfen, abziehen, mit dem Kartoffelstampfer zu Püree verarbeiten.

Gemüsebrühe mit Kokosmilch, Zitronenschale, Koriander und Muskat zum Kochen bringen. Blumenkohl darin ca. 8 Minuten weich köcheln. Blumenkohl abgießen. Garflüssigkeit auffangen und auf ca. 100 ml einkochen. Mit dem Mixstab Garflüssigkeit und Blumenkohl pürieren. Kartoffel- und Blumenkohlpüree vermischen. Koriander unterrühren.

Pro Portion: 141 kcal, 5 g F, 7 g E, 19 g KH, 0 mg Chol

Für 2 Portionen
- 200 g mehlige Kartoffeln
- 100 ml Gemüsebrühe Gemüsesuppe)
- 50 ml Kokosmilch
- 1/2 TL Bio-Zitronenschale, fein gehackt
- 1/4 TL Koriander oder Galgant, gemahlen
- Muskat
- 200 g Blumenkohl (Karfiol), kleine Röschen
- Salz
- 2 EL frischer Koriander oder Petersilie, fein gehackt

Kürbis-Paprika-Curry mit Kokossoße

Öl in einem flachen Topf erhitzen, Knoblauch und Paprika darin unter Rühren 4 Minuten braten. Kürbis, Frühlingszwiebeln, Curry und Ingwer untermischen. Alles 3 Minuten unter Rühren braten.

Tomaten, Kokosmilch und Gemüsebrühe untermischen. Kürbis-Paprika-Curry ca. 15 Minuten köcheln, dabei ab und zu umrühren. Der Kürbis soll weich sein, darf aber nicht zerfallen. Bei Bedarf noch wenig Gemüsebrühe dazugeben. Curry mit Limettensaft abschmecken.

Pro Portion: 141 kcal, 7 g F, 5 g E, 15 g KH, 0 mg Chol

Für 2 Portionen
- 1/2 EL Öl
- 1 Knoblauchzehe, fein gehackt
- 1 roter Paprika, dünne Streifen
- 250 g Kürbis (Muskat, Butternuss, Hokkaido), kleine Würfel
- 4 Frühlingszwiebeln, Stücke
- 1/2 TL Currypulver
- 1 TL frischer Ingwer, gehackt
- 1 Tomate, abgezogen, kleine Stücke
- 50 ml Kokosmilch
- 150 ml Gemüsebrühe (Gemüsesuppe)
- 1 EL Limettensaft

Cremiges Karotten-Apfel-Curry

In einem kleinen Topf 200 ml Gemüsebrühe, Kartoffel, Ingwer, Zitronenschale und Currypulver zum Kochen bringen. Zugedeckt ca. 10 Min. köcheln und alles mit dem Mixstab fein pürieren.

Öl in einem beschichteten Topf erhitzen, Zwiebel darin weich dünsten. Karotten und Knoblauch dazugeben, unter Rühren kurz anbraten. Mit der restlichen Gemüsebrühe aufgießen. Karotten zugedeckt 7 Minuten dünsten. Apfel untermischen, zugedeckt 3 Minuten dünsten. Soße unterrühren, Curry noch 2 bis 3 Minuten köcheln, mit Zitronensaft abschmecken.

Pro Portion: 115 kcal, 3 g F, 2 g E, 19 g KH, 0 mg Chol

Für 2 Portionen
- 300 ml Gemüsebrühe (Gemüsesuppe)
- 50 g mehlige Kartoffel, kleine Würfel
- 1/2 TL frischer Ingwer, gehackt
- 1 Stück Bio-Zitronenschale
- 1/2 TL Currypulver
- 1 EL Öl
- 1/2 Zwiebel, fein gehackt
- 300 g Karotten, dünne Scheiben
- 1 Knoblauchzehe, fein gehackt
- 1 saftiger, säuerlicher Apfel, feine Spalten
- 1/2 EL Zitronensaft

Gebratene Sesam-Auberginen mit Pilzen

Für 2 Portionen

❖ 400 g Auberginen (Melanzani),
  1 cm dünne Längsscheiben
❖ 1 EL Öl
❖ 1 Knoblauchzehe, fein gehackt
❖ 1 TL ungeschälter Sesam
❖ 2 TL Sojasoße
❖ 1 TL frischer Ingwer, fein gehackt
❖ Chilipulver
❖ 1 Frühlingszwiebel, feine Ringe
❖ 250 g Champignons, Scheiben
❖ Salz

Backofen auf 180 °C Ober- und Unterhitze (160 °C Heißluft, Gas Stufe 3-4) vorheizen, ein Backblech mit Backpapier belegen. Auberginen nebeneinander darauflegen und im vorgeheizten Ofen 10 Minuten garen, umdrehen und nochmals 10 Minuten garen. Auberginen in schmale Streifen schneiden.

1/2 EL Öl in einer beschichteten Pfanne erhitzen, Knoblauch und Sesam darin kurz unter Rühren anbraten. Auberginen dazugeben, unter Rühren 3 Minuten braten, mit Sojasoße, Ingwer und Chili würzen, unter Rühren kurz braten. Auberginen aus der Pfanne nehmen.

1/2 EL Öl in der Pfanne erhitzen, Frühlingszwiebel darin kurz anbraten. Pilze untermischen, leicht salzen, unter Rühren 4 Minuten braten. Auberginen untermischen, alles kurz erhitzen.
Pro Portion: 122 kcal, 7 g F, 7 g E, 8 g KH, 0 mg Chol

Ananas-Mango-Cranberry-Chutney

Für ca. 400 g

❖ 300 g frische Ananas, kleine Stücke
❖ 30 g getrocknete Mangos,
  feine Streifen
❖ 2 rote Chilischoten, Ringe
❖ 30 g getrocknete Cranberrys
❖ 1 EL frischer Ingwer, fein gehackt
❖ 1 1/2 EL Bio-Orangenschale,
  fein gehackt
❖ Saft von 1/2 Zitrone
❖ Zerstoßene Samen aus
  3 Kardamomkapseln
❖ 2 Zimtstangen
❖ 2 Nelken
❖ Saft von 1 Orange

Ananas, Mangos, Chili, Cranberrys, Ingwer, Orangenschale, Zitronensaft, Kardamom, Zimt und Nelken mit 250 ml Wasser in einen kleinen Topf geben. Zum Kochen bringen und ca. 20 Minuten leicht köcheln, dabei ab und zu umrühren. Bei Bedarf noch wenig Wasser dazugeben. Orangensaft untermischen, das Chutney noch ca. 4 Min. köcheln. Es soll die Konsistenz von einer etwas flüssigen Marmelade haben.
Pro Löffel: 11 kcal, 0 g F, 1 g E, 2 g KH, 0 mg Chol

Chutney einfrieren
Frieren Sie das Chutney in kleinen Portionen ein, dann haben Sie diese fruchtig-pikante Würze immer griffbereit.

Schmeckt zu
Curry- und Wokgerichten, auch zu den gebratenen Sesam-Auberginen (siehe oben) oder zu Roter Beete mit Apfel-Meerrettich-Soße (S. 97).

Grüne Bohnen mit gegrillten roten Paprika

Backofen auf 200 °C Ober- und Unterhitze (180 °C Heißluft, Stufe 3-4 Gas) vorheizen. Die ganzen Paprikaschoten auf den Rost (Mittelschiene) legen und im vorgeheizten Ofen 20 Minuten garen, bis die Haut stellenweise Blasen wirft und sich dunkelbraun färbt.

Paprika zugedeckt in einer Schüssel abkühlen lassen. Paprikaschoten über einer Schüssel anstechen, den herabtropfenden Saft auffangen. Stielansatz und Kerne entfernen, die Haut abziehen und das Fruchtfleisch in dünne Streifen schneiden.

Olivenöl in einem Topf erhitzen. Zwiebel und Knoblauch darin zuerst bei milder Hitze weich und glasig dünsten, dann unter Rühren goldgelb braten. Grüne Bohnen dazugeben, unter Rühren kurz anbraten. Mit Gemüsebrühe aufgießen, mit Thymian und Oregano würzen. Bohnen zugedeckt ca. 10 Minuten weich, aber mit Biss dünsten.

Paprika und Paprikasaft untermischen, alles kurz erhitzen.
Pro Portion: 131 kcal, 6 g F, 5 g E, 14 g KH, 0 mg Chol

Für 2 Portionen
- 2 rote Paprika
- 1 EL Olivenöl
- 1/2 Zwiebel, fein gehackt
- 2 Knoblauchzehen, fein gehackt
- 200 g grüne Bohnen (Fisolen), Stücke
- 100 ml Gemüsebrühe (Gemüsesuppe)
- 1/2 TL Thymian
- 1/2 TL Oregano

Knusprige Kartoffelplätzchen

Kartoffeln schälen, grob reiben und gut ausdrücken. Kartoffeln mit Kartoffelstärke, Muskat, Koriander und wenig Salz vermischen.

Das Öl in einer großen beschichteten Pfanne erhitzen. Mit dem Esslöffel kleine Kartoffelhäufchen in die Pfanne setzen, diese ziemlich flach drücken. Die Kartoffelplätzchen auf beiden Seiten knusprig braun braten.
Pro Portion: 159 kcal, 5 g F, 3 g E, 24 g KH, 0 mg Chol

Für 2 Portionen
- 300 g festkochende Kartoffeln
- 1-2 TL Kartoffelstärke
- Muskat
- 1/2 TL Koriander, gemahlen
- Salz
- 1 EL Öl

Kartoffel-Maultaschen mit Lauch und Räuchertofu

Kartoffeln in der Schale weich dämpfen, abziehen. Heiß durch die Kartoffelpresse drücken und mit Kartoffelstärke, Muskat und Salz zu einem glatten Teig vermischen. Teig zugedeckt etwas ruhen lassen.

Backofen auf 180 °C Ober- und Unterhitze (160 °C Heißluft, Stufe 3-4 Gas) vorheizen.

Für die Füllung 1/2 EL Öl in einer Pfanne erhitzen. Räuchertofu darin unter Rühren anbraten, mit Ingwer, Koriander und Pfeffer würzen, mit Sojasoße ablöschen und unter Rühren braten, bis die Soße verdampft ist. Lauch dazugeben, unter Rühren kurz braten. Petersilie untermischen, kurz erhitzen.

Aus dem Teig eine Rolle (ca. 7 cm Durchmesser) formen. Die Rolle in 12 Scheiben schneiden und diese mit der Hand etwas flach drücken (ca. 0,5 cm dick). Auf 6 Teigplatten jeweils etwas Füllung geben, jeweils mit einer Teigplatte bedecken und die Ränder zusammendrücken.

Eine flache, ofenfeste Form mit 1 EL Öl ausstreichen. Maultaschen nebeneinander in die Form setzen, mit dem restlichen Öl bestreichen und im vorgeheizten Ofen ca. 40 Minuten backen.
Pro Portion: 274 kcal, 9 g F, 11 g E, 36 g KH, 0 mg Chol

Für 4 Portionen
Teig
- 800 g mehlige Kartoffeln
- 2-3 EL Kartoffelstärke
- Muskat
- Salz
- 2 EL Öl

Füllung
- 1/2 EL Öl
- 200 g Räuchertofu, kleine Würfel
- 1 TL frischer Ingwer, gehackt
- 1/2 TL Koriander, gemahlen
- Pfeffer
- 1 EL Sojasoße
- 150 g Lauch, feine Ringe
- 2 EL Petersilie, fein gehackt

Tomaten-Paprika-Kartoffel-Auflauf

Für 2 Portionen

Soße

- 2 rote Paprika
- 1/2 TL Oregano
- 1/2 TL edelsüßes Paprikapulver
- Salz
- Pfeffer

Auflauf

- 400 g festkochende Kartoffeln
- 1 Knoblauchzehe, gehackt
- 3 EL Petersilie, gehackt
- 1 EL Olivenöl
- 1 EL Zitronensaft
- Salz
- Pfeffer
- 2 Tomaten, dünne Scheiben
- 1 TL Öl für die Form

Reichlich Salzwasser zum Kochen bringen. Die ganzen Paprika darin in ca. 15 Minuten weich kochen. Paprika abgießen, abtropfen lassen. Stielansatz und Kerne entfernen. Paprika in Stücke schneiden, mit dem Mixstab fein pürieren. Paprikapüree mit Oregano und Paprikapulver würzen, mit Salz und Pfeffer abschmecken.

Kartoffeln in der Schale weich dämpfen, abziehen, in dünne Scheiben schneiden. Knoblauch, Petersilie, Olivenöl und Zitronensaft vermischen, mit Salz und Pfeffer würzen.

Backofen auf 200 °C Ober- und Unterhitze vorheizen (180 °C Heißluft, Gas Stufe 4-5). Eine flache, beschichtete Form dünn mit Öl ausstreichen. Kartoffeln dachziegelartig einschichten, leicht salzen. Paprikapüree darauf verstreichen. Tomaten dachziegelartig darauflegen, die Petersilienmischung darauf verteilen.

Auflauf im vorgeheizten Ofen 30 bis 40 Minuten backen.

Pro Portion: 280 kcal, 6 g F, 8 g E, 46 g KH, 0 mg Chol

Fruchtig-Süßes

Orangenpudding

Orangensaft mit Zimt und Orangenschale in einem Topf vermischen. Agar-Agar-Pulver und 3 EL kaltes Wasser gut verrühren.

Orangensaft zum Kochen bringen. Aufgelöstes Agar-Agar einrühren und den Saft 1 Minute unter Rühren köcheln. Die heiße Flüssigkeit in Portionsförmchen füllen. Pudding 3 Stunden kalt stellen. Pudding portionsweise auf Teller stürzen und mit der Erdbeersoße (siehe unten) umgießen.
Pro Portion: 66 kcal, 0 g F, 1 g E, 13 g KH, 0 mg Chol

Mitnehmen
Den Pudding im Förmchen und die Soße extra verpackt.

Agar-Agar – pflanzliches Geliermittel
Agar-Agar ist ein traditionelles asiatisches Produkt, wird aus mineralstoffreichen Meeresalgen hergestellt und hat eine enorme Gelierkraft. Agar-Agar-Pulver muss mit wenig kaltem Wasser glatt gerührt, mit den restlichen Zutaten vermischt und die Masse oder Flüssigkeit kurz unter Rühren gekocht werden. Agar-Agar gibt es in Naturkost- und Asialäden.

Für 4 Portionen
- 500 ml frisch gepresster Orangensaft
- 1/4 TL Zimt
- 1 TL Bio-Orangenschale, fein gehackt
- 1 TL Agar-Agar-Pulver

Erdbeersoße

Mit dem Mixstab die (aufgetauten) Erdbeeren, den Orangensaft und die Datteln fein pürieren.

Bei tiefgekühlten Früchten die Erdbeersoße in einem kleinen Topf erhitzen, kurz köcheln und abkühlen lassen.
Pro Portion: 40 kcal, 1 g F, 1 g E, 6 g KH, 0 mg Chol

Für 4 Portionen
- 400 g Erdbeeren (auch tiefgekühlt), Stücke
- Saft von 1 Orange
- 2 getrocknete Datteln, gehackt

Himbeerwürfel

(**A**ufgetaute) Himbeeren, Orangensaft und Datteln mit dem Mixstab fein pürieren. Agar-Agar-Pulver mit 3 EL kaltem Wasser glatt rühren.

Himbeerpüree in einem kleinen Topf unter Rühren zum Kochen bringen. Aufgelöstes Agar-Agar unterrühren. Himbeerpüree unter Rühren 1 Minute köcheln.

Die Flüssigkeit in eine kleine, flache Form gießen; zum Festwerden zwei Stunden kalt stellen. Himbeergelee auf ein Brett stürzen, in Würfel schneiden, mit der Aprikosensoße (siehe unten) anrichten.

Pro Portion: 60 kcal, 0 g F, 2 g E, 10 g KH, 0 mg Chol

Für 4-6 Portionen
- 300 g Himbeeren (auch tiefgekühlt)
- 100 ml frisch gepresster Orangensaft
- 2 getrocknete Datteln, kleine Würfel
- 1 1/2 TL Agar-Agar-Pulver

Aprikosensoße

Aprikosen, Orangen-, Zitronensaft und Zimt fein pürieren. Zitronenschale untermischen.

Sie wollen die Soße mitnehmen? Dann eventuell kurz aufkochen und wieder abkühlen lassen.

Pro Portion: 43 kcal, 0 g F, 1 g E, 9 g KH, 0 mg Chol

Süße Abwechslung leicht gemacht
Aprikosensoße portionsweise auf kleinen Tellern verteilen, Melonenkugeln und Heidelbeeren daraufsetzen.

Für 4 Portionen
- 300 g reife Aprikosen (Marillen), kleine Stücke
- Saft von 1 Orange
- 2 TL Zitronensaft
- 1/4 TL Zimt
- 1/2 TL Bio-Zitronenschale, fein gehackt

Kalte Kirschensuppe

Für 4 Portionen

- ❖ 1 Vanilleschote
- ❖ 700 g süße Kirschen, entsteint
- ❖ 200 ml Kirschensaft
- ❖ 1/4 TL Zimt
- ❖ 30 g Kartoffelstärke

Vanilleschote längs aufschneiden, das Mark herauskratzen. Vanilleschote in 4 Stücke schneiden. Kirschen, Kirschensaft, Zimt, Vanillemark und Vanilleschote vermischen und etwas ziehen lassen.

300 ml kaltes Wasser und Kartoffelstärke mit dem Schneebesen glatt rühren, in einem Topf aufkochen. Marinierte Kirschen untermischen. Alles unter Rühren kurz aufkochen. Kirschensuppe kalt stellen.

Dazu schmeckt ein Klacks Sesam-Sojajoghurt-Creme mit getrockneten Früchten (siehe unten).
Pro Portion: 166 kcal, 1 g F, 2 g E, 35 g KH, 0 mg Chol

Sesam-Sojajoghurt-Creme

Für 4 Portionen

- ❖ 300 g Sojajoghurt natur
- ❖ 2 EL Sesammus (Tahini)
- ❖ 1 TL Zitronensaft
- ❖ 1/2 TL Zimt
- ❖ Mark aus 1 Vanilleschote
- ❖ 30 g Trockenfrüchte, fein gehackt,
- ❖ 1 TL Bio-Orangenschale, fein gehackt
- ❖ 1 TL Bio-Zitronenschale, fein gehackt

Mit dem Handrührgerät aus Sojajoghurt, Sesammus, Zitronensaft, Zimt und Vanillemark eine glatte Creme rühren. Trockenfrüchte, Orangen- und Zitronenschale untermischen.
Pro Portion: 101 kcal, 5 g F, 5 g E, 8 g KH, 0 mg Chol

Jede Menge Auswahl bei Trockenfrüchten

Aus dem Vollen schöpfen! Diese Creme schmeckt mit getrockneten Cranberrys, Mangos, Sauerkirschen, Aprikosen, Zwetschken, Datteln, Feigen, Rosinen – sowohl sortenrein als auch bunt gemischt.

Mango-Bananen-Dattel-Pralinen

Mangos, Datteln und Bananen durch die feine Scheibe des Fleischwolfs drehen.

Die Fruchtmasse mit Pfirsichsirup, Mandelmus, Ingwer, Kardamom und Zimt gut verkneten. Aus der Masse kleine Bällchen formen.

Sesam in einer trockenen Pfanne unter Rühren anrösten, bis die Samen anfangen hochzuspringen. Sesam auskühlen lassen, die Pralinen darin wälzen.

Pro Stück: 49 kcal, 1 g F, 1 g E, 10 g KH, 0 mg Chol

Für ca. 35 Stück
- 200 g getrocknete Mangos, Stücke
- 200 g getrocknete Datteln, entkernt
- 100 g getrocknete Bananen
- 3 EL Pfirsichsirup
- 1 1/2 EL Mandelmus
- 1/4 TL getrockneter Ingwer, fein geraspelt
- Zerstoßene Samen aus 4 Kardamomkapseln
- 1/2 TL Zimt
- 1 EL ungeschälter Sesam

Kirschen-Apfel-Feigen-Pralinen

Äpfel, Feigen und Sauerkirschen durch die feine Scheibe des Fleischwolfs drehen. Die Fruchtmasse, Nussmus, Zimt und Kirschensirup gut verkneten. Aus der Masse kleine Pralinen formen. Die Pralinen in den Pistazien wälzen.

Pro Stück: 45 kcal, 1 g F, 1 g E, 8 g KH, 0 mg Chol

Für ca. 35 Stück
- 150 g getrocknete Äpfel, Stücke
- 150 g getrocknete Feigen, Stücke
- 150 g getrocknete Sauerkirschen (oder Cranberrys)
- 1 1/2 EL Nussmus
- 1/2 TL Zimt
- 2-3 EL Kirschensirup
- 1 EL Pistazien, gehackt

Grapefruit-Trauben-Bananen-Salat

Mit einem scharfen Messer die Schale der Grapefruits abschneiden. Die weiße Haut muss dabei völlig entfernt werden. Über einer Schüssel die Grapefruitfilets zwischen den Trennwänden herausschneiden. Dabei den herabtropfenden Saft auffangen.

Grapefruitfilets in Stücke schneiden. Grapefruitstücke, aufgefangenen Grapefruitsaft, Orangensaft und Trauben vermischen. Salat etwas durchziehen lassen. Banane erst kurz vor dem Essen in dünne Scheiben schneiden und unter den Fruchtsalat mischen.

Besonders köstlich: ein Klacks Mango-Topping (S. 122) auf dem Fruchtsalat.
Pro Portion: 116 kcal, 0 g F, 1 g E, 24 g KH, 0 mg Chol

Für 4 Portionen
- 2 rosa Grapefruits
- Saft von 1 Orange
- 100 g weiße Trauben, halbiert
- 100 g blaue Trauben, halbiert
- 1 kleine Banane, Scheiben

Melonensalat mit Himbeeren

Orangen-, Limettensaft und Vanillemark verrühren. Melonenstücke mit dem Dressing vermischen und etwas durchziehen lassen. Kurz vor dem Essen die Himbeeren untermischen.
Pro Portion: 101 kcal, 1 g F, 2 g E, 20 g KH, 0 mg Chol

Für 2 Portionen
- Saft von 1 Orange
- 1 TL Limettensaft
- Mark aus 1 Vanilleschote
- 400 g Melonen, (rot, orange und grün), kleine Stücke
- 100 g Himbeeren

Apfelmousse

Für 4 Portionen

- 600 g saftige Äpfel, kleine Stücke
- 1/2 TL frischer Ingwer, gehackt
- Abgeriebene Schale von
  1/2 Bio-Zitrone
- 1/2 TL Zimt
- Saft von 2 Orangen
- 2 EL Zitronensaft
- 2 gestrichene TL Agar-Agar-Pulver

Äpfel mit 100 ml Wasser, Ingwer, Zitronenschale und Zimt zum Kochen bringen. Zugedeckt ca. 8 Minuten dünsten, bis die Äpfel weich sind. Orangen- und Zitronensaft unterrühren. Alles mit dem Mixstab fein pürieren.

Agar-Agar-Pulver mit 3 EL kaltem Wasser glatt rühren. Apfelpüree zum Kochen bringen, aufgelöstes Agar-Agar unterrühren. Apfelpüree unter Rühren 1 Minute köcheln, in Portionsförmchen gießen, abkühlen lassen und zum Festwerden 3 Stunden kalt stellen. Apfelmousse auf Teller stürzen und mit der aromatischen Zwetschken-Aprikosen-Soße (siehe unten) servieren.

Pro Portion: 117 kcal, 1 g F, 2 g E, 24 g KH, 0 mg Chol

Mitnehmen

Apfelmousse im Förmchen und die Zwetschken-Aprikosen-Soße extra verpackt.

Zwetschken-Aprikosen-Soße mit Ingwer

Für 4 Portionen

- 50 g getrocknete Zwetschken
  (Dörrpflaumen)
- 50 g getrocknete Aprikosen
  (Marillen)
- 1 TL frischer Ingwer, fein gehackt
- 1 TL Bio-Zitronenschale,
  fein gehackt
- Zerstoßene Samen aus
  3 Kardamomkapseln
- 1/4 TL Zimt
- Saft von 2 Mandarinen
- 2 EL Zitronensaft

Zwetschken und Aprikosen in 300 ml warmem Wasser 1 Stunde einweichen, abgießen, Einweichwasser auffangen. Zwetschken und Aprikosen in Stücke schneiden.

Zwetschken, Aprikosen, Einweichwasser, Ingwer, Zitronenschale, Kardamom und Zimt in einen kleinen Topf geben und ca. 20 Minuten köcheln. Dabei öfters umrühren. Mandarinen- und Zitronensaft untermischen. Soße mit dem Mixstab fein pürieren. Die Zwetschken-Aprikosen-Soße schmeckt heiß und kalt.

Pro Portion: 80 kcal, 0 g F, 1 g E, 16 g KH, 0 mg Chol

Trockenfrüchte mit enormer Basen-Power

Ob Aprikosen, Mangos, Cranberrys oder Zwetschken – Trockenfrüchte bringen natürlichen Süßgeschmack in Desserts und fruchtige Hauptspeisen und sind sehr mineralstoffreich und stark basenbildend.

Bratäpfel

Ofen auf 200 °C Ober- und Unterhitze (180 °C Heißluft, Gas Stufe 4-5) vorheizen. Kerngehäuse der Äpfel ausstechen. Haselnüsse, Rosinen, Kardamom und Zimt vermischen. Die Äpfel damit füllen, nebeneinander in eine kleine Form setzen und mit Öl bestreichen.

Äpfel im vorgeheizten Ofen 20 Minuten braten.
Pro Portion: 121 kcal, 3 g F, 2 g E, 21 g KH, 0 mg Chol

Heißer Apfel braucht heiße Soße

Himbeer-Vanille-Soße (siehe unten) ist die perfekte Begleitung für diese fruchtig-süße Köstlichkeit aus dem Backofen.

Für 2 Portionen
- 2 große, saftige Äpfel
- 1 EL Haselnüsse, fein gehackt
- 1 EL Rosinen, fein gehackt
- Zerstoßene Samen aus 2 Kardamomkapseln
- 1/4 TL Zimt
- 1 TL Öl

Heiße Himbeer-Vanille-Soße

Himbeeren, Rosinen und Orangensaft mit dem Mixstab fein pürieren. Vanilleschote längs aufschneiden, das Mark herauskratzen.

Himbeerpüree, Kokosmilch und Vanillemark in einem kleinen Topf vermischen, unter Rühren einen Moment köcheln. Schmeckt heiß und kalt.
Pro Portion: 70 kcal, 4 g F, 1 g E, 7 g KH, 0 mg Chol

Für 2 Portionen
- 200 g tiefgekühlte Himbeeren
- 1 TL Rosinen, gehackt
- Saft von 1/2 Orange
- 1 Vanilleschote
- 4 EL Kokosmilch

Gebratene Bananen

Für 2 Portionen
* 1 TL Öl
* 2 kleine Bananen, längs halbiert
* 1 TL geröstete Haselnüsse, gehackt

Öl in einer beschichteten Pfanne erhitzen. Bananen darin auf beiden Seiten braten, mit gerösteten Haselnüssen bestreuen. Dazu schmeckt das Blutorangenkompott (siehe unten).
Pro Portion: 128 kcal, 0 g F, 2 g E, 29 g KH, 0 mg Chol

Lust auf süß und warm?
Sie haben Appetit auf ein warmes, süßes Hauptgericht? Dann gibt es als Vorspeise eine Gemüsecremesuppe und dann die gebratenen Bananen mit Blutorangenkompott.

Blutorangenkompott

Für 2 Portionen
* 1 Blutorange
* 150 ml Blutorangensaft
* 1/4 TL Zimt
* 1/2 gestrichener TL Kartoffelstärke

Die Orangenschale mit einem scharfen Messer abschneiden. Über einer Schüssel die Orangenfilets zwischen den Trennwänden herausschneiden, dabei den herabtropfenden Saft auffangen.

Den gesamten Orangensaft und die Speisestärke glatt rühren, unter Rühren kurz köcheln. Orangenfilets untermischen. Das Kompott schmeckt heiß und kalt.
Pro Portion: 71 kcal, 0 g F, 1 g E, 14 g KH, 0 mg Chol

Beeren-Pfirsich-Salat

Pfirsich, Himbeeren, Erdbeeren, Brombeeren und Johannisbeeren in eine Schüssel geben. Orangen-, Zitronensaft und Zimt verrühren. Pfirsich und Beeren mit dem Dressing vermischen. Mit einem Klacks Mango-Topping (siehe unten) servieren.
Pro Portion: 110 kcal, 1 g F, 3 g E, 20 g KH, 0 mg Chol

Für 2 Portionen
- 1 Pfirsich, kleine Stücke
- 100 g Himbeeren
- 100 g Erdbeeren, kleine Stücke
- 50 g Brombeeren
- 50 g Johannisbeeren (Ribisel)
- Saft von 1 Orange
- 1 TL Zitronensaft
- 1/4 TL Zimt

Cremiges Topping aus getrockneten Mangos mit Kardamom

Mangos mit 300 ml heißem Wasser vermischen und 30 Minuten quellen lassen. Mangos mit der Einweichflüssigkeit, Zitronenschale, Zimt und Kardamom zum Kochen bringen, zugedeckt 10 Minuten köcheln. Bei Bedarf noch etwas Wasser dazugeben. Die Mangos sollen gut weich sein. Zitronen- und Orangensaft untermischen. Alles einen Moment köcheln und mit dem Mixstab fein pürieren.
Pro Esslöffel: 15 kcal, 0 g F, 1 g E, 3 g KH, 0 mg Chol

Süße Vorratshaltung
Das Mango-Topping hält sich gut verschlossen im Kühlschrank einige Tage und lässt sich vielseitig einsetzen. Es passt zu allen Fruchtsalaten, aber auch zu Bratäpfeln (S. 120), zu Ananas mit Kokos (S. 126) und gebratenen Bananen (S. 122).

Für ca. 400 g
- 100 g getrocknete Mangos, kleine Stücke
- 1 Stück Bio-Zitronenschale
- 1/2 TL Zimt
- Zerstoßene Samen aus 2 Kardamomkapseln
- 2 TL Zitronensaft

Apfelmus mit Cranberrys

Cranberrys mit 200 ml heißem Wasser übergießen und
30 Minuten quellen lassen.

Cranberrys, Einweichflüssigkeit, Apfelstücke, Orangen- und
Zitronenschale, Ingwer, Zimt und Nelken in einen kleinen
Topf geben und zugedeckt auf kleiner Flamme ca. 8 bis 10 Minuten köcheln, ab und zu umrühren. Die Äpfel sollen weich sein,
dürfen aber noch nicht zerfallen.

Zimt und Nelke aus dem Topf fischen. Alles mit dem Mixstab fein
pürieren. Das Apfelmus mit Cranberrys schmeckt heiß und kalt.
Pro Portion: 96 kcal, 1 g F, 1 g E, 20 g KH, 0 mg Chol

Für 4 Portionen
❖ 50 g Cranberrys
❖ 500 g saftige, säuerliche Äpfel,
   geschält, kleine Stücke
❖ 1 Stück Bio-Orangenschale
❖ 1 Stück Bio-Zitronenschale
❖ 1 Zimtstange
❖ 1 Nelke

Vanillebirnen mit Sauerkirschen

Vanilleschote längs halbieren, das Mark herauskratzen. Sauerkirschen mit 250 ml Wasser, ausgekratzter Vanilleschoten und
einer Prise Zimt in einem kleinen Topf zum Kochen bringen.
10 Minuten zugedeckt köcheln.

Vanillemark unterrühren. Birnen in den Topf geben, sie sollen
gerade von der Flüssigkeit bedeckt sein. Birnen zugedeckt in
8 Minuten weich mit Biss dünsten. Birnen in der Garflüssigkeit
abkühlen lassen.
Pro Portion: 122 kcal, 1 g F, 1 g E, 27 g KH, 0 mg Chol

Für 2 Portionen
❖ 1 Vanilleschote
❖ 30 getrocknete Sauerkirschen
   (oder Cranberrys)
❖ Zimt
❖ 2 saftige Birnen, geschält, geviertelt

Kartoffelnudeln

Für 4 Portionen
* 600 g mehlige Kartoffeln
* 2-3 EL Kartoffelstärke
* Salz
* Muskat
* 1/2 TL Zimt
* 2 EL Öl

Kartoffeln in der Schale weich dämpfen, abziehen und durch die Kartoffelpresse drücken. Die heißen Kartoffeln mit Kartoffelstärke, Salz, Muskat und Zimt vermischen. Teig zugedeckt etwas ruhen lassen.

Aus dem Teig Rollen mit ca. 1,5 cm Durchmesser formen, davon 5 cm lange Stücke abschneiden.

Öl in einer beschichteten Pfanne erhitzen, die Kartoffelnudeln darin bei milder Hitze rundum langsam knusprig goldbraun braten. Zu den Kartoffelnudeln schmecken die Ananassoße (siehe unten), die Himbeer-Vanille-Soße (S. 120) oder die Vanillebirnen mit Sauerkirschen (S. 124).
Pro Portion: 168 kcal, 5 g F, 3 g E, 27 g KH, 0 mg Chol

Ananassoße

Für 4 Portionen
* 400 g Ananas, kleine Stücke
* Zerstoßene Samen aus
  3 Kardamomkapseln
* 1/4 TL Zimt

Ananasstücke mit 150 ml Wasser zum Kochen bringen. Kardamom und Zimt dazugeben, zugedeckt 30 Minuten köcheln; die Ananas sollen sehr weich sein.

Alles mit dem Mixer fein pürieren. Die Soße eventuell durch ein Sieb streichen. Schmeckt heiß und kalt. Die Soße passt auch zu den gebratenen Bananen (S. 121) oder Bratäpfeln (S. 120).
Pro Portion: 61 kcal, 0 g F, g E, 13 g KH, 0 mg Chol

Aus dem Ofen – Ananas mit Kokos

Backofen auf 180 °C Ober- und Unterhitze (160 °C Heißluft, Gas Stufe 3-4) vorheizen. Backblech mit Backpapier bedecken.

Ananasscheiben in eine große flache Form legen. Kokosmilch und Zimt vermischen, die Ananas damit bestreichen. Ananas im vorgeheizten Ofen 15 bis 20 Minuten braten.

Zu den gegrillten Ananas schmeckt der Granatapfel-Mandarinen-Salat (siehe unten).
Pro Portion: 105 kcal, 2 g F, 1 g E, 20 g KH, 0 mg Chol

Für 2 Portionen
* 300 g Ananas, sehr dünne Scheiben
* 4 EL Kokosmilch
* 1/4 TL Zimt

Granatapfel-Mandarinen-Salat

Granatapfelkerne, Mandarinenstücke, Mandarinensaft, Zimt und Zitronensaft vermischen.
Pro Portion: 105 kcal, 1 g F, 1 g E, 22 g KH, 0 mg Chol

Für 2 Portionen
* 1/2 Granatapfel, Kerne ausgelöst
* 2 Mandarinen, kleine Stücke
* Saft von 2 Mandarinen
* 1/4 TL Zimt
* 2 TL Zitronensaft

Einkaufslisten

Beim Gemüse sind die Mengen auf der Einkaufsliste aufgerundet, da die Angaben im Rezept für geputztes Gemüse stehen.

Die Einkaufslisten stehen auch zum Download zur Verfügung:
www.kneippverlag.com/basenfasten-einkaufsliste
www.elisabeth-fischer.com

Warmes Dinkelfrühstück – 7 Tage für 2 Personen

2,8 kg Obst und Beeren (alles außer Bananen)
420 g Dinkel, grob geschrotet
210 g Trockenfrüchte (Pflaumen, Feigen, Aprikosen/Marillen, Cranberrys, Rosinen, Mangos)
70 g Mandelblättchen
1 große Zitrone

Basenfastensalat – 7 Tage für 2 Personen

3 Blattsalate (Kopfsalat, Endivien oder Lollo verde)
2 kg Gemüse (z.B. Tomaten, Gurken, Karotten, Radieschen, Paprika, Kohlrabi, Bleichsellerie/Stangensellerie, Fenchel)
2 große Bio-Zitronen

Diese Vorräte, Würzmittel und Gewürze sollten Sie zu Hause haben. Sie brauchen nur sehr geringe Mengen davon.

Vorräte
Raps- oder Sonnenblumenöl, Olivenöl, Kartoffelstärke, Essig, ungeschälter Sesam, Pinienkerne (oder andere Nüsse)

Würzmittel
Kapern, schwarze Oliven, Dijonsenf, Meerrettich aus dem Glas (Kren), Sojasoße, Sesamgewürzöl, Salz

Gewürze
Pfeffer, Koriander, Muskat, Galgant, Ysop, Fenchel, Thymian, Zimt, Chilipulver, Liebstöckel, Basilikum, Rosmarin, Currypulver, Lorbeerblätter, Piment, Nelken, Edelsüßes Paprikapulver, Kümmel, Kreuzkümmel (Cumin), Curcuma (Gelbwurz)
Statt der beiden letzten Gewürze können Sie auch Currypulver verwenden.

Woche 1 – mittags und abends für 2 Personen

Gemüse
1,7 kg mehlige Kartoffeln
2,2 kg festkochende Kartoffeln
2 große Kartoffeln à 200 g
1 kg Karotten
600 g Lauch
800 g Kürbis
800 g Brokkoli
800 g Blumenkohl (Karfiol)
400 g Champignons, Steinpilze oder Shiitake
200 g Kohlrabi
600 g Tomaten
300 g Sellerie
1 kleine Bleichsellerie (Stangensellerie)
600 g Rote Beeten (Rote Rüben)
600 g Gurken
400 g Wirsing (Kohl)
300 g Auberginen (Melanzani)
400 g Topinambur
1 kleine Petersilienwurzel
12 Frühlingszwiebeln
1,5 kg Zwiebeln
1 Knoblauchknolle
3 rote Paprika
1 grüner Paprika
100 g Mungsprossen („Sojasprossen")
1 saftiger, säuerlicher Apfel
60 g Ingwer
3 große Bio-Zitronen
200 g Petersilie und/oder Koriander
100 g Basilikum
1 Limette
1 Stängel Zitronengras
Supermarkt
1 große Packung oder 1 Glas Gemüsebrühe (Gemüsesuppe)
100 ml Kokosmilch, ungesüßt (kleine Dose oder Tetra-Pak)
1 kleine Dose geschälte Tomaten
100 g passierte Tomaten
1 Packung Sojasahne

Woche 2 – mittags und abends für 2 Personen

Gemüse

1, 4 kg Zucchini
800 g Brokkoli
1,1 kg Karotten
300 g Fenchel
400 g grüne Bohnen (Fisolen)
500 g Auberginen (Melanzani)
300 g Weißkraut
1 kleine Petersilienwurzel
4 kg festkochende Kartoffeln
800 g mehlige Kartoffeln
400 g Topinambur
400 g Lauch
700 g weißer Spargel
400 g Tomaten
500 g Kohlrabi
2 rote Paprika
13 Frühlingszwiebeln
500 g Champignons (oder 300 g Champignons und 200 g Pfifferlinge/Eierschwammerl)
300 g Pastinaken
1 kg Zwiebeln
2 Knoblauchknollen
1 saftiger, säuerlicher Apfel
3 große Bio-Zitronen
60 g Ingwer
250 g Petersilie
100 g Basilikum
3 Zweigchen Minze
3 Zweigchen Dill

Supermarkt

1 große Packung oder 1 Glas Gemüsebrühe (Gemüsesuppe)
1 Packung Sojasahne
30 g Cashewnüsse
30 g getrocknete Tomaten
60 g passierte Tomaten
25 g getrocknete Steinpilze
300 ml milchsauer vergorener Rote-Rüben-(Rote-Beete-)Saft
50 g getrocknete Aprikosen (Marillen) (4 Stück)
1 kleine Dose geschälte Tomaten

Suppe-Salat-Woche – mittags u. abends für 2 Personen

Gemüse

3,5 kg festkochende Kartoffeln
400 g mehlige Kartoffeln
250 g Rote Beeten (Rote Rüben)
400 g Topinambur
400 g Lauch
500 g Brokkoli
1 kleine Petersilienwurzel
1,2 kg Karotten
1 Kohlrabi
500 g grüne Bohnen (Fisolen)
1 kg Zucchini
250 g Spinat
500 g Champignons (oder andere Pilze)
4 rote Paprika
1 großer Bund Radieschen
1 Bund Schnittlauch
1 Avocado
4 große Bio-Zitronen
100 g Basilikum
150 g Petersilie
2 Zweigchen Minze
6 Frühlingszwiebeln
1 kg Zwiebeln
1 Knoblauchknolle
30 g Ingwer
120 g Feldsalat (Vogerlsalat)
1 Fenchelknolle
1 kleine Bleichsellerie (Stangensellerie)
500 g Kürbis
1 kg Tomaten
1 Limette
1 Orange
2 Mandarinen
80 g Sprossen (Alfalfa oder Radieschen)
1 Stängel Zitronengras

Supermarkt

1 große Packung oder 1 Glas Gemüsebrühe (Gemüsesuppe)
1 Packung Sojasahne
1 kleine Dose geschälte Tomaten
150 g geräucherter Tofu

Barmherzige Brüder –
Im Dienst des Nächsten

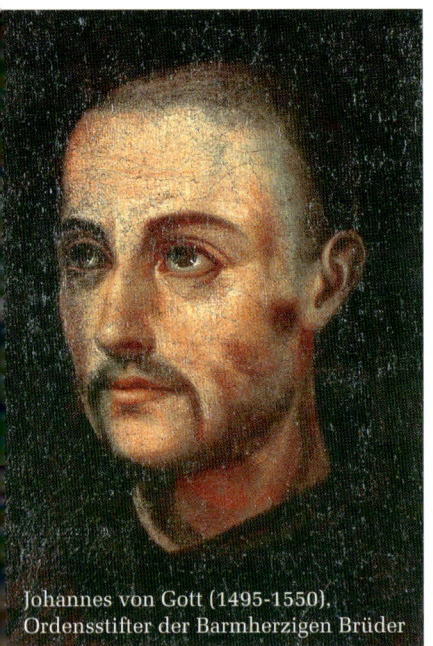

Johannes von Gott (1495-1550),
Ordensstifter der Barmherzigen Brüder

Der Orden der Barmherzigen Brüder beruht auf dem Grundsatz der Hospitalität (christliche Gastfreundschaft) und geht auf den heiligen Johannes von Gott (1495-1550) zurück. Er ist Patron der Kranken, der Krankenpfleger und Wegbereiter des modernen Krankenhauswesens.

Nach jahrzehntelanger Suche hörte er mit über 40 Jahren in Granada eine Predigt des Johannes von Avila, die ihn tief bewegte. Er verschenkte sein Hab und Gut und wurde als vermeintlich „Verrückter" in das Königliche Hospital in Granada gebracht, in dem Kranke lieblos und menschenunwürdig behandelt wurden. Daraufhin gründete er ein eigenes Hospital und kümmerte sich fortan um Kranke, aber auch um Bettler, Aussätzige und Behinderte.

Er trennte als Erster Patienten nach Krankheit und Geschlecht, gab allen ein eigenes Bett und sah den Menschen in seiner Ganzheitlichkeit. Weiters begann er mit der schriftlichen Dokumentation der Krankengeschichten und wurde so zum Wegbereiter des modernen Krankenhauswesens.

Heute arbeiten in Österreich fast 6.000 Mitarbeiter/innen gemeinsam mit den Brüdern daran, ihren Leitspruch „Gutes tun und es gut tun!" in die Tat umzu-

Einrichtungen in Österreich

Spitäler in Eisenstadt, Graz, Graz-Eggenberg, Klagenfurt (Kooperation), Linz, Salzburg, St. Veit/Glan, Wien
Altenwohn- und Pflegeheime in Kritzendorf und Linz
Einrichtungen für Menschen mit Behinderungen in Kainbach bei Graz, Pinsdorf (bei Freistadt) und Schenkenfelden (bei Gmunden)
Kurhaus in Schärding
Pflegeakademie in Wien
Therapiestation für Drogenkranke in Kainbach bei Graz
Zahlreiche Kooperationen: Spitalspartnerschaft Barmherzige Brüder und Barmherzige Schwestern in Linz, Dialysezentrum Wien-Donaustadt, Laborverbund Graz, Laborverbund Barmherzige Schwestern – Barmherzige Brüder etc.

setzen. Weltweit betreuen in über 50 Staaten und 300 Einrichtungen rund 1.200 Brüder gemeinsam mit etwa 53.000 haupt- und 7.000 ehrenamtlichen Mitarbeiter/innen pro Jahr ca. 20 Millionen Menschen. Die Barmherzigen Brüder versuchen, ohne Ansehen der Herkunft, Nation, Religion, des Geschlechtes oder des sozialen Standes auf Basis der christlichen Nächstenliebe allen Menschen Hilfe zu gewähren. Sie pflegen und betreuen Kranke, alte Menschen und fördern Menschen mit Behinderung, begleiten Sterbende, suchen mit Drogenkranken Auswege, bieten Obdachlosen Hilfe an oder setzen sich für die Verbesserung der Lebensbedingungen von Kindern ein.

Auf dem Weg zu sich selbst

Kurhaus Schärding –
Oase für den Lebensmotor

Als der Arzt Dr. Ebenhecht 1892 in Schärding eine Kneipp-Kuranstalt eröffnete, ahnte er kaum, dass er damit gut hundert Jahre später die Bedürfnisse einer übersättigten Wohlstandsgesellschaft auf den Punkt treffen würde.

Wer sich auf den Weg ins Kurhaus Schärding macht, macht sich immer auch auf den Weg zu sich selbst. Hier findet man, was selten geworden ist: Einfachheit, Reduktion und Selbstbesinnung. Beim Auftanken, Gesundheit stärken und Krankheit vorbeugen helfen ganzheitliche Therapien, welche die Selbstheilungskräfte des Körpers aktivieren.

Kneipp, Ayurveda, TCM –
am Anfang steht die Ernährung

Ob Kneippkur, Ayurveda oder Traditionelle Chinesische Medizin – mit der Kompetenz der Kurärzte und Therapeuten gelangen sie Hand in Hand zur Anwendung. Pancha Karma oder Basenfasten, Wassergüsse, Akupunktur oder Entspannungstechniken – die Palette an Therapien ist groß und basiert auf stoffwechselregulierender Ernährung.

Entgiften, auftanken, erneuern, lindern –
in Harmonie mit sich selbst

„Auf diese vier Themenfelder haben wir unser Wissen fokussiert und Angebote gestaltet. Ganzheitlich betrachtet – und doch individuell umsorgt", so beschreibt Direktor Harald Schopf den Spirit des Hauses. Und den spürt man überall. In den duftdurchzogenen Therapieräumen, im sonnigen

Blick auf das Kurhaus und die Barockstadt Schärding

Restaurant oder im Hallenbad, im Kurpark, Kräuterbeete und alter Baumbestand inklusive.

Kurhaus Schärding
Barmherzige Brüder

Kurhausstraße 6 | A-4780 Schärding/Inn
Tel +43 (0)7712/3221 Fax DW 400
kurhaus@bbschaerd.at
www.kurhaus-schaerding.at

Elisabeth Fischer im Kneipp-Verlag

Elisabeth Fischer
Heilsames Basenfasten
Genießen, entschlacken und schlank werden. Mit 120 Rezepten
132 Seiten, farbig, Hardcover
ISBN 978-3-7088-0545-0
EUR 17,99

Mit ihren erprobten Rezepten zeigt Elisabeth Fischer den Weg aus der Übersäuerungsfalle. Die in diesem Buch präsentierten Gerichte sind basenbildend, vegan und cholesterinfrei. Sie entlasten, steigern das Wohlbefinden durch einen enormen Vitalstoffgehalt und lassen die Kilos purzeln.

Elisabeth Fischer
Die schlanke Küche
So gut schmeckt das Wunschgewicht
192 Seiten, farbig, Hardcover
ISBN 978-3-7088-0483-5
EUR 19,95

Das Kochbuch nach der Methode „Schlank ohne Diät" eignet sich hervorragend als Fortsetzung nach dem Basenfasten. Elisabeth Fischer macht das Schlankwerden und Schlankbleiben mit ihren 200 erprobten und ausgewogenen Rezepten schmackhaft und liefert dazu das Know-how für den leichten, gesunden Genuss.

Elisabeth Fischer
Schlank backen
Kuchen, Torten, Kekse, Muffins
120 Seiten, farbig, Hardcover
ISBN 978-3-7088-0538-2
EUR 17,99

Diese Kekse, Kuchen und Torten schmecken sündhaft gut und haben trotzdem wenig Kalorien – mit diesen Rezepten müssen sich Naschkatzen nicht länger zwischen Genuss und Wunschgewicht entscheiden. Mit natürlichen Zutaten und wenig Zucker entsteht köstliches Backwerk, das auch noch die Gesundheit fördert.

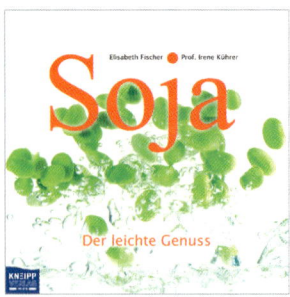

Elisabeth Fischer, Prof. Irene Kührer
Soja
Der leichte Genuss
192 Seiten, farbig, Hardcover
ISBN 978-3-7088-0041-5
EUR 19,90

Das große Kochbuch über die kleine Bohne! Schlemmen und schlank bleiben. Wunderbar speisen und damit die Schönheit von innen heraus pflegen. Die kleine Bohne hat wahrlich eine große Wirkung. Das Buch beschreibt die Vielzahl der Sojaprodukte und wie sich diese zu leckeren Rezepten verarbeiten lassen.

www.kneippverlag.com